# HISTORY OF IDEAS
IN
ANCIENT GREECE

*This is a volume in the Arno Press collection*

# HISTORY OF IDEAS
## IN
# ANCIENT GREECE

*Advisory Editor*
Gregory Vlastos

See last pages of this volume
for a complete list of titles

# OUTLINES

## OF THE

# PHILOSOPHY OF ARISTOTLE

COMPILED BY

EDWIN WALLACE

**ARNO PRESS**

A New York Times Company

New York / 1976

Editorial Supervision: EVE NELSON

Reprint Edition 1976 by Arno Press Inc.

Reprinted from a copy in
 The University of Illinois Library

HISTORY OF IDEAS IN ANCIENT GREECE
ISBN for complete set: 0-405-07285-6
See last pages of this volume for titles.

Manufactured in the United States of America

**Library of Congress Cataloging in Publication Data**

Wallace, Edwin, 1848-1884, comp.
    Outlines of the philosophy of Aristotle.

    (History of ideas in ancient Greece)
    Reprint of the 4th ed., 1894, published at the
University Press, Cambridge, in series: Pitt Press
series.
    1.  Aristoteles.   I.  Title.  II.  Series.
B485.W3   1975              185             75-13300
ISBN 0-405-07343-7

# OUTLINES

OF THE

# PHILOSOPHY OF ARISTOTLE.

London: C. J. CLAY AND SONS,
CAMBRIDGE UNIVERSITY PRESS WAREHOUSE,
AVE MARIA LANE.
Glasgow: 263, ARGYLE STREET.

Cambridge: DEIGHTON, BELL AND CO.
Leipzig: F. A. BROCKHAUS.
New York: MACMILLAN AND CO.

𝕻𝖎𝖙𝖙 𝕻𝖗𝖊𝖘𝖘 𝕾𝖊𝖗𝖎𝖊𝖘.

# OUTLINES

OF THE

# PHILOSOPHY OF ARISTOTLE

COMPILED BY

EDWIN WALLACE, M.A.
LL.D. (ST. ANDREWS)
LATE FELLOW AND TUTOR OF WORCESTER COLLEGE, OXFORD.

Δεῖ γὰρ ἴσως ὑποτυπῶσαι πρῶτον, εἶθ' ὕστερον ἀναγράψαι.

**FOURTH EDITION.**

CAMBRIDGE:
AT THE UNIVERSITY PRESS.
1894

[*All Rights reserved*].

Cambridge:
PRINTED BY C. J. CLAY, M.A. AND SONS,
AT THE UNIVERSITY PRESS.

# PREFACE TO PREVIOUS EDITION.

THE following pages are an expansion of a still smaller work which I published with the same title in 1875. My object in printing such a compendium was at that time limited almost entirely to the wants of my own pupils. But my *brochure*, I found, circulated outside those for whom it was originally intended, and the few copies which I could place at the disposal of the booksellers were soon exhausted. Since then I have been frequently asked to republish, but have held back from a number of considerations—not least perhaps from a hope that some day or other I might be able to fulfil the suggestion of my motto and "write out" what had been so far sketched. But I became more and more diffident about undertaking such a task. Now particularly when Prof. Zeller's excellent statement of Aristotelianism is being translated into English it would be difficult to find a reason for attempting to do again work which has been already done so well. There may however still be room left for a smaller and less pretentious work which will string together the more important passages in Aristotle's writings and explain them by a brief English commentary.

A book of selections can hardly fail to prove unsatisfactory. There will always be passages omitted which one reader would have inserted and others inserted which he would have rejected. Much also is lost by having to take sentences out of their context and leave them without the setting which half explains them. I hope at the same time that I have managed to give in moderate compass the cream of Aristotle's writings and to make up in some way for the absence of context, inseparable from such work, by the English analysis which precedes each paragraph of extracts. Junior students can hardly be expected to thread their way through the quarto volumes of the Berlin Aristotle, and even those who are familiar with these volumes and with Bonitz's admirable index to them may be glad to have their favourite passages in a portable and concise form.

OXFORD,
*May*, 1880.

# PREFACE TO THIRD EDITION.

THE success which has attended this little work will probably be allowed to be sufficient excuse for its republication. The present edition will be found to contain as compared with its predecessor a considerable amount of additional matter. For the sake of beginners I have added an introductory chapter on the way in which Aristotle sought to meet the difficulties of preceding thinkers and on the general drift of his own philosophy. I have considerably expanded the chapter on Aristotle's Logic; and, throughout, I have supplemented the Greek extracts where it seemed to me that by adding a few additional words Aristotle's meaning was made more obvious. But I have also, I hope, facilitated the study of the Greek by interpolating occasionally short explanatory notes.

I have to thank several reviewers and others for the kindly way in which they have spoken of my work. Specially am I indebted to Professor Susemihl for calling my attention (in Bursian's *Jahresbericht*) to some gaps which I have tried in this edition to fill up: and to Mr A. W. Benn for several criticisms which appeared first in the *Westminster Review* and are now published in his important work upon the *Greek Philosophers*. Without admitting all Mr Benn's objections, I have been led by his remarks to modify in one or two passages my interpretation of Aristotle's views. But a work like this leaves no room for controversy: and as regards my exposition of Aristotle's 'creative reason' (§ 56) I must content myself by referring to the Introduction to my edition of Aristotle's *Psychology* (pp. xcvii.—cxvi.), where the grounds of my interpretation are much more fully stated.

OXFORD,
*March*, 1883.

# CONTENTS.

CHAP. I.   GENERAL AIM OF ARISTOTLE'S PHILOSOPHY . . . . . p. 1

CHAP. II.   ARISTOTLE'S LIFE AND WRITINGS   p. 17
- § 1. Biographical facts.
- § 2. The transmission of Aristotle's writings.
- § 3. Their genuineness.
- § 4. The probable order of their composition.
- § 5. Aristotle's successors and interpreters.
- § 6. Width of Aristotle's Philosophy.
- § 7. The Aristotelian Encyclopaedia.
- § 8. The subdivisions of Philosophy.

CHAP. III.   LOGIC . . . . . . . p. 24
- § 9. The Logical Treatises.
- § 10. The ten Categories.
- § 11. The elements of the proposition.
- § 12. The proposition and its kinds.
- § 13. The opposition and conversion of propositions.
- § 14. The Predicables.
- § 15. Definition and its Method.
- § 16. Syllogism: its character and principle.
- § 17. The Figures of Syllogism.
- § 18. Reduction of Imperfect to Perfect Figures.
- § 19. The Hypothetical Syllogism.
- § 20. Induction.
- § 21. Enthymeme and Example.

§ 22. The two orders of Knowledge.
§ 23. Logical Proof and its relation to the Universal.
§ 24. Scientific knowledge: its character and problems.
§ 25. Definition as the end of Science.
§ 26. The principles of Scientific Reasoning.
§ 27. The origin of Knowledge.

CHAP. IV. METAPHYSIC . . . . . p. 60
§ 28. The beginnings of Philosophy.
§ 29. The Problems of Metaphysic.
§ 30. The Law of contradiction and its value.
§ 31. Plato's Explanation of the Real.
§ 32. Defects of Plato's doctrine of Ideas.
§ 33. Ideas not outside but in phenomena.
§ 34. The concrete as the truly Real.
§ 35. Matter and Form.
§ 36. Potentiality and Actuality.
§ 37. The four principles or Causes.
§ 38. The eternal essence ($\tau\grave{o}\ \tau\acute{\iota}\ \mathring{\eta}\nu\ \epsilon\mathring{\iota}\nu\alpha\iota$).
§ 39. God as the first of Substances.

CHAP. V. PHILOSOPHY OF NATURE . . p. 75
§ 40. The sphere and method of natural philosophy.
§ 41. The different meaning of "Nature."
§ 42. Movement and its different kinds.
§ 43. Space as an attribute of existence.
§ 44. Time and its relation to Number.
§ 45. The Eternity of Movement and of the World.
§ 46. The first cause of Movement.
§ 47. Insufficiency of Materialism.
§ 48. The continuity of Nature.

CHAP. VI. PSYCHOLOGY . . . . . p. 85
§ 49. Soul as the truth of Body.
§ 50. The Psychic Faculties.
§ 51. Sense-Perception and the different "objects" of Sense.
§ 52. Common or Central sense.
§ 53. Imagination and Illusion.
§ 54. Memory and Association.

§ 55. Reason as thinking the rational.
§ 56. Reason as creative.

CHAP. VII. MORAL PHILOSOPHY . . . p. 94
§ 57. The chief good.
§ 58. The psychological basis.
§ 59. Virtue as a Habit and a Mean.
§ 60. The Separate Virtues.
§ 61. Justice and Equity.
§ 62. Moral Insight and the Unity of Virtue.
§ 63. Moral Purpose as combining Reason and Desire.
§ 64. Moral Weakness and its Explanation.
§ 65. Pleasure and its relation to the Good.
§ 66. The life of thought.
§ 67. Friendship in relation to Morality.

CHAP. VIII. POLITICAL PHILOSOPHY . . p 111
§ 68. Politics as related to Ethics.
§ 69. The development of the State from the Family.
§ 70. Slavery and Household Management.
§ 71. Exchange and the origin of Money.
§ 72. Plato's communistic schemes.
§ 73. The different forms of Government.
§ 74. The requirements of the ideal state.
§ 75. The character of Law.
§ 76. Education: its factors and its motives.

CHAP. IX. PHILOSOPHY OF ART . . . p. 124
§ 77. Art as imitative but expressing the universal.
§ 78. Comedy and Tragedy.

INDEX . . . . . . . . . p. 128

# OUTLINES OF THE PHILOSOPHY OF ARISTOTLE.

## CHAPTER I.

### GENERAL AIM OF ARISTOTLE'S PHILOSOPHY.

The philosophical ideas of Aristotle were, like those of every other philosopher, whether in ancient or in modern times, an outgrowth from the systems which had preceded him. For philosophy, whatever may be said to the contrary, is constantly progressing, and though its problems may recur, the recurrence is not merely iteration: the problem when it repeats itself is partly rendered easier, partly made more difficult by the attempts which have been made to solve it. And so it was that just as Socrates had tried to solve the difficulties of the pre-Socratic schools and Plato had sought to fill up the defects in Socrates, Aristotle in turn came to supplement the defects and meet the difficulties of Platonism.

Greek Philosophy had started with a very simple problem. It had asked what is the simplest explanation we can give of all existing things—what is the most universal, most comprehensive statement to which we can reduce all the objects of our experience? And the question had met with varying answers. Thales had found the common element in water, of which every existing object was some modification or other, while Anaximenes regarded air as the universal explanation of phenomena. Pythagoras struck out a new line among these early thinkers. Abandoning their materialistic explanations, he reduced all phenomena to number. Number, he saw, was the universal attribute of all things: everything of which existence could be predicated was in some sense or other an expression of a numerical and quantitative relationship. But the pre-Socratic philosophers seldom indulged in such a supra-sensuous conception as that of number. They were principally, as Aristotle calls them, physical philosophers, students of nature; and it was in material agencies that they found the secret of the universe. Especially was this the case with Democritus and the Atomic school. Matter they found was ultimately reducible to indivisible particles, and it was the different changes in the arrangement of such particles which led to the actual form of outward things. Atoms were thus the constituent parts of which all existing things were merely particular manifestations.

Gradually, however, other problems were coming to the front. Hitherto philosophy had dealt with things as ready-made for experience, as directly known and undoubtedly knowable. But the nature of knowledge itself soon came to be a question for philosophers. Democritus had distinguished between a knowledge of the senses and a knowledge of the intellect: Empedocles had grasped the real truth that we could know things only in so far as some resemblance subsisted between the knowing mind and the known thing: and the Eleatic school of Xenophanes and Parmenides had seen, however vaguely, that it was only in so far as we reduced our many sensations to unity and gave them a principle of reality that they could exist as objects of rational cognition. And still more strikingly Anaxagoras had hit the truth that Nous or Reason was in a way the secret support and organizer of outward things just as it was also the faculty of inward knowledge.

Thus Greek Philosophy had gradually exchanged the question of Ontology for the question of Epistemology—it had, that is, begun by asking what is Being, it had come to ask what is Knowing. And especially with the Sophists and Socrates the problem of philosophy passed from the study of the object to the study of the subject, and speculation directed itself not so much to the elementary constituents of things as to the elementary constituents of thought.

The Sophists had formulated the doctrine that knowledge was always relative to a subject, that nothing can be known except by reference to the mind which knows it. Man, said Protagoras, is the measure of all things—things, that is to say, contain within themselves no standard by which they can be judged, and it is only when man reads them and interprets them by reference to ideas of his own that they come to have a meaning. The doctrine was one which incautiously used could end in strange results. It was an apparent corollary from it that nothing was true or false in itself, but that this truth or falsity came only from the mind brought to bear upon things. But to say this was to open the way for an indifference of belief which held that one belief was as good as another, that therefore contradiction was impossible, and that the value of *any* opinion depended entirely on the person who entertained it. To him it was true: the fact that to other people it was not true was of no force as against his own conviction[1].

Against this absence of any general standard of belief Socrates set himself to indicate the permanent elements in knowledge. He shewed especially that ideas were not such fluctuating phenomena as the Sophists represented them; that amid the different phases of any term whatever, there was some *general* underlying concept which remained the same throughout the many uses to which the term could be put. He was continually, as we learn at once from Xenophon and Plato, seeking to find out *what* something or other is—shewing men that they were reasoning about words without attaching any precise fixed meaning to the words, or that they were confusing some concept or other with some particular form of its manifestation. His method in thus finding out the common usage of a term was what may be roughly called Induction: in order, that is, to discover what (say) beauty is, he took the cases of a "beautiful" woman, a "beautiful" landscape, a "beautiful" character, and tried to ascertain the common characteristic which entitled us to apply the one word beautiful in all these cases. And thus, as Aristotle says, Socrates' contributions to the history of philosophy are to be found in his use of induction on the one hand—his search for universal definitions on the other[2].

Socrates had so far met the sceptical teaching of the Sophists. But before his own life had closed, other and more perplexing forms of the Sophistic problems

[1] Plato Theaetetus 152 A, Euthydemus 286 B: and cf. § 30. 4.
[2] See the passage quoted § 28. 5 below.

## ARISTOTLE'S PHILOSOPHY. 5

had arisen, and Nominalism and Individualism became the current theories of the day. The Cynic and Megaric schools agreed in disbelieving in anything general or universal: there was nothing but the individual—an individual which stood alone and had no connexion with other individuals. The doctrine was one which admitted of both logical and practical application. Logically it shewed itself as the restriction of judgment to identical propositions. They were the only propositions possible: we could not say "men are good," but only "men are men," "good is good[1]." But this logical nominalism, this metaphysical atomism, had also its ethical counterpart. It became as selfish individualism the common principle of the Cynic and Cyrenaic schools. The one regarded virtue, the other pleasure, as the end of life: but the Cynic conception of self-sufficient, self-satisfied virtue is only a particular phase of that general selfishness which shewed another aspect of itself in the Cyrenaic ideal of pleasure. To the one school as to the other, self-satisfaction, self-gratification, is the aim of life: neither gets beyond the individual: neither sees that the individual must, in order to become himself, go beyond himself: neither had the metaphysical basis by which to reconcile the individual with the universal[2].

Such a metaphysical basis Plato attempted to supply. He supplied it in his doctrine of Ideas as the only Real. And such ideas were forced as it were upon him by the

[1] Plato Soph. 251 C: Theaetet. 201 E: Simplic. ad Aris. Phys. fol. 20 a (Ritter and Preller § 238).
[2] For the Cynic view see Aris. Eth. Nic. I. 8. 8, 1099ᵃ1: Diog. L. VI. 11 (Ritter and Preller § 219). For the Cyrenaic, Xenoph. Memorabilia II. 1. 9, Arrian Var. Hist. XIV. 6 (Preller § 207).

very necessities of life. In an interesting passage in which Aristotle has explained to us the genesis of the Platonic Ideal Theory[1], we learn how the sensationalist results of Heraclitus woke Plato to the need of a suprasensuous theory of knowledge much in the same way as the empirical results of Hume shewed Kant that in order to explain experience we must find a basis independent of experience. For Plato, according to the sketch which Aristotle gives us, began by accepting the Heraclitean flux of things, but drew the further consequence that things as continually changing could never become the objects of experience and be fixed for thought. But things, he argued further, *are* known: and from this he drew the new conclusion that the theory of Heraclitus applied only to things as sensible, as phenomena; and that to form an object of knowledge we must go beyond sense—we must recognise a world of thought, over and beyond a world of sensible phenomena. Knowledge, that is to say, is only possible on the assumption that there is an order, a continuity, in our sensations; it was in fact Plato who first saw clearly that a consistent sensationalism must be speechless, because the mere naming of a thing necessarily goes beyond the individual intimation of the senses, and brings it into relation with a number of other like sensations and impressions. But this relationship again implies that every object of existence and of knowledge is not only its particular self but also something universal: the particular individual man can be known and can exist only in so far as he is a man generally—a particular

[1] Aris. Meta. A. 6, 987$^a$29 (below, § 31): cf. Plato Cratylus 439 C.

object can be known to be, for instance, beautiful only in virtue of participation in an idea of beauty.

Somewhat in this fashion Plato solved what has been well called the difficulty of Plato's age—the correlation of ideas. The proposition, it followed, was no longer the impossibility which the Cynics and the Megarians had made it. For everything, it now became evident, could only be known—could only exist—in so far as it involved relations with a larger whole outside itself: Socrates was not merely Socrates, he was also a man, a virtuous man, a philosopher, &c.[1] And the object of philosophy was just the study of the compatibility and incompatibility of different ideas. Dialectic, as Plato entitled the pursuit of the philosopher, was just a study of the agreements and differences between things—it was the combination of synthesis and analysis—of definition and division—it included the comprehension of the many into a one on the one hand, the explication of a one into a many on the other. The end therefore of philosophical study was just to see the one in the many and the many in the one by recognising the fact that the many of sense could only be understood when interpreted by a unity of thought[2].

So far then Plato had explained the relation of the particular to the universal. Above all he had emphasized the ethical significance of his doctrine: no philosophy ever attempted to be more practical (in the best sense of the word) than Platonism. He had shewn that just as mere subjective knowledge of sense-phenomena, or opinion, had to be translated into true science or knowledge of the real, so the customary virtue which was a merely selfish conformity

[1] Sophist. 253 B : 262 D.
[2] Phaedrus 265 B : Politicus 285 B.

to outward rule had to be raised to real perception of the grounds of duty[1]. He had shewn again in the *Republic* that it was only in connexion with his fellow-men—in a state or social organism, that man could be rightly understood—that is, not as a merely selfish individual but as one with other selves. And he had given a particular application of his ideal theory by shewing that every good act and every blessing of life involved and depended on an idea of Goodness, and that it was only in so far as we had read this ideal into our daily conduct that it acquired true moral worth[2].

While, however, Plato had in this way insisted on the need of universals for knowledge and for existence, he had taken but little pains to explain the relation between the two, and shew *how* it was that the one became the other. Rather, in fact, his language had been such as to lead people to imagine that the two worlds—the world of thought and the world of sense—lay apart from one another: that the universal which constituted things was something over and *beyond* the particular things themselves.

It was this lacuna in the teaching of Plato which Aristotle set himself to fill up. While Plato tried to interpret the individual by the universal, Aristotle rather sought to read the universal through the individual. He had, in other words, a healthy distrust of everything abstract, general, and transcendental: he was never satisfied with a conception until he had given it a really practical interpretation by facts. This love of the concrete displays itself in almost every section of Aris-

---

[1] Phaedo 69 A : 82 B.    [2] Republic 505 A.

totle's philosophy. Logically it appears as the syllogism, which connects a notion of lower generality with a notion of greater generality, by means of an intermediate conception, and thus enables us to pass gradually from the particular to the universal: it is equally prominent in his view that no science can be successfully studied except by reference to the peculiar principles which characterize its special sphere[1]. In metaphysic, again, it appears as the doctrine that reality is to be found not in the abstract universal, but in the merging of indeterminate matter in definite form, or in the process by which an undeveloped capacity attains to fully realized activity. Psychologically again we find the same result. Soul is not some harmony of parts or some numerical abstraction: it is the *truth* of body, and therefore the constant correlative of body. And similarly in Ethics the aim of life is neither to keep our gaze directed on some abstract and absolute idea of goodness, nor to sink into the selfish individualism of the Cynic, but to realize our true human nature *as members of society* in all the ways in which psychological analysis shews it ought to be realized.

Logic is pre-eminently the creation of Aristotle. If Socrates broke ground upon the subject of the concept, and Plato laid the foundation of a theory of proposition, Aristotle in turn completed the analysis of knowledge by adding on his theory of syllogism. The characteristic feature of syllogism lies in emphasizing the fact that we discover the general characters of a notion by the help of some conception which is wider than this notion itself

---

[1] Cp. Eucken's *Methode der Aristotelischen Forschung*, pp. 43—56.

while narrower than the general idea with which we are seeking to connect it. And thus the aim of science is just the discovery of these *media* or middle terms by which our knowledge will be at once widened and unified. But if we take a more comprehensive view, we find that Aristotle's theory of syllogism is simply an explicit statement of the fact that all thought rests on universal truths—that all knowledge whether "deductive" or "inductive" is arrived at by the indispensable aid of general propositions. Stuart Mill, on the contrary, maintained that reasoning is perpetually "from particular to particular," and a "village matron" prescribing for her neighbour's child on the strength of what happened to her own Lucy, was introduced to illustrate the fact that everyday reasoning takes place without any thought of general propositions. We might almost as well be told that oxygen and hydrogen do not enter into the composition of water, because our village matron perpetually drinks it without passing through either element: and the analysis of the chemist would be found to be as great a fiction as the analysis of the logician. But Aristotle has supplied the links which at once upset all such superficial analysis. He has shewn that even in Analogy or Example which *apparently* proceeds in this way from one particular instance to another particular instance, we are only justified in so proceeding in so far as we have transformed the particular instance into a general proposition[1]. It is only in short, Aristotle

[1] See § 21 below. Mr Benn (*Greek Philosophers*, I. 389) is mistaken in supposing that I objected to elucidating an argument by "concrete examples" or thought that "Mill wrote exclusively for College tutors." The truth is I had gained so much from Mill's

teaches, in so far as we universalize any fact that we are warranted in going beyond it, and syllogism is merely an elaborate analysis of the process.

Metaphysic applies to things the same conditions as those which Logic ascertained to hold good of thought. For the real, we find, is not the abstract universal: rather we must distinguish between an unformed matter and a determinate form which go to make up the real, just as the wide-spreading genus and the particular differentia go to make up the existing species. And in place of the dead and lifeless entities of the Platonic idealism, we must recognise the life and change of nature: and see in everything that really is, a constant progress from capacity to actuality, from potential to real, from implicit to explicit, from not-being to being.

Psychology is little but a deduction from this metaphysical foundation: Aristotle's doctrine of reality at once determines his theory of soul. For body and soul stand to one another, Aristotle holds, just as matter to form, as what is potential to what is actual: and thus soul is the *entelechy* or full realization of the body—not certainly as though it were the last result of bodily organization, but as the form which gives meaning and truth to the bodily functions. And thus in discussing psychological phenomena, Aristotle never loses sight of their concomitant physiological conditions.

But while Aristotle does not overlook the close connexion between psychology and physiology, he never,

works that I had supposed him to write for thinking Englishmen, and so far am I from thinking Mill's illustration "deserving of contempt" that I regard it as particularly valuable for bringing out, when fully analysed, the essential character of inference.

on the other hand, fails to distinguish between the physical conditions and the psychological character of a mental fact, just as he distinguishes, besides, between the psychological genesis and the metaphysical nature of a conception. His recognition of two aspects of knowledge—the study of a thing as it is known to us, and the study of it as it appears to the creative mind of God— is one which runs through all his philosophy: induction and syllogism just represent and correspond to these two ways of regarding any fact. What, then, is historically last may be metaphysically first—the last stage in the process of development may represent the original *a priori* conditions of the development itself. And in particular the faculty of thought or reason—which seems only the last result, almost the effect of all the different powers of sense and memory and imagination—turns out to be the logically first—the condition of the exercise of any perception or reminiscence. To Aristotle, as to a subtle Scotch theologian, "the real presupposition of all knowledge or the thought which is the *prius* of all things, is a thought or self-consciousness which is beyond all individual selves, which is the unity of all thinkers and all objects of thought[1]."

What is thus metaphysically the presupposition of the simplest understanding of the universe comes in turn to be also the centre of morality: a life of thought is found to be the highest life for man. Not that Aristotle arrives immediately at this conclusion. He begins by taking a midway course between the individual selfishness of the Cynic and the impracticable univer-

---

[1] Principal Caird's *Philosophy of Religion*, p. 158.

salism of Plato's theory. Man's happiness, he finds, involves the perfect development of human nature as a whole: and this nature is neither that of an exclusively intellectual nor that of an exclusively emotional and appetitive being, but the two in combination with each other. Virtue therefore is a *mean*—that is, consists in a moderate use of the different feelings and impulses of man's nature —a use which allows no one tendency to be developed to excess, but prevents it becoming either too much or too little. The result of course is that morality at times appears little but respectability. But in Ethics, as in other branches of philosophy, Aristotle ends with an undercurrent of that Platonism which he criticized at the beginning. And accordingly we find that man's true duty is to live a life of thought, because it is just this thought which constitutes the individual soul.

But this life of thought is not to be divorced from the conditions of everyday humanity: the eternal life at which we have to aim is not something beyond the present (Eth. Nic. x. 7, 1177$^b$33): rather the ideal must be found within the real, and Politics itself is but the testing-stone for Ethics. The two, in fact, are merely different aspects of one great Science: the chief good must be grasped "not only for the individual but also for the nation," and the ideal of the moralist must be also the ideal of the statesman. Not that Aristotle has always taken pains to harmonize the results of one science with the conclusions of the other. But no writer has emphasized more clearly than Aristotle has the moral purpose of the State—no one has combated more effectively the view that states are merely artificial combinations for the defence of life and property—no one has brought out more clearly the real end of the social organism as lying in the general moral welfare of its members. And a state which takes so little real interest as ours in art, and does so little for the elevation of the stage, might "take a thought and mend" if its citizens would lay to heart some parts of Aristotle's remarks on music and the moral influence exercised by tragedy.

It would take us far beyond the purpose of these introductory remarks were we to go on and discuss the objective value of Aristotle's doctrines. It may be allowed at once that many of them are superseded by modern philosophy. The student of Metaphysics will seek in vain for any such insight into the conditions of experience and the grounds of duty as distinguished Kant's Critiques. In Ethics again Aristotle's analysis of virtue is strikingly insufficient. In regarding virtue as a middle state between extremes we find a contracted stereotyped view of life which fails to realize the infinitude of duty and indeed approves of the Pythagorean representation of good as finite. And though the narrowness of this ethical standard disappears in the (still selfishly envisaged) conception of a life of thought as highest good, we are far always from the words of the divine command—"Be ye therefore perfect even as your Father in Heaven is perfect"—words which supply an inexhaustible and infinite ideal, which because infinite can *never* be realized and before which not highmindedness but increasing humility becomes the characteristic of the soul[1].

Although however modern thought has passed beyond and absorbed many of the results of Aristotle, it

[1] The relation of Aristotelian to Christian Ethics is thoroughly discussed in Luthardt's *Ethik des Aristoteles in ihrem Unterschied*

does not follow that his works are of no value to the student. It may be so, so far as Aristotle's strictly scientific theories are concerned. A treatise on Astronomy or Chemistry becomes, whoever be its writer, rapidly superannuated, and it is practically useless when its theories have been found out to be false. But the student of morals must always go through the *same* work as his precursors if he would understand the nature of the problems of the human mind : he must live over again the experiences of a Plato and an Aristotle if he would really know the meaning of reality and life.

The very fact again that these experiences are left us in a language not our own brings with it a distinct advantage. Philosophy indeed "perishes in the moment you would teach it": in a sense it cannot be taught at all. The very value of metaphysical questions lies in the fact that there is no one definite answer to them but that

*von der Moral des Christenthums* (Leipzig 1869—1876). With most of Luthardt's conclusions I fully agree. No one can read the *Ethics* without feeling that Aristotle's ideal of perfection is selfish—that the virtuous man never really gets outside himself—and that even in discussing friendship, in which Aristotle more especially leaves his egoistic standpoint, he fails to realize the common personality of man, and attaches in consequence undue weight to social differences. And so far Luthardt is right in saying that Aristotle remains unacquainted with the universal nature of man. But I cannot but think that Luthardt insists too much on the absence in Aristotle's system of inward motive and feeling (*Gesinnung*) as constituting morality. No doubt Aristotle is not contented with a Kantian "good will" and requires the outward deed to prove the reality of the virtuous intention (*Eth. Nic.* x. 8. 4, 1178$^a$30). But it was after all a somewhat questionable moralist who held "The heart's aye the part that maks us richt or wrang."

we must each one decide them for ourselves : that while the truths of physical science are the same for all individuals, the truths of ethics and metaphysics must be made each one's own and must be made so by a personal effort of thought. But the training for discussing questions of this kind will be found more easily in an ancient than in a modern author. The effort of *translation* which such a study involves—a translation not of words but of ideas and their setting—constitutes itself an education which no modern manual can supply. And if it be a real gain to approach a science by taking it in its beginnings and letting its problems grow up in the natural order of their development, the writings of Aristotle must always remain a real introduction to moral and metaphysical philosophy. We are still anxious to know whether our perception of a real world comes to us by an exercise of thought or by a simple impression of sense— whether it is the universal that gives the individual reality, or the individual that shapes itself by some process not explained into a universal—whether bodily movements are the causal antecedents of mental functions, or mind rather the reality which gives truth to body —whether the highest life is practical or contemplative— whether intellectual advance involves also moral progress —whether the State is a mere combination for preserving goods and property or a moral organism developing the idea of right—or whether again art is a merely temporary and accidental adjunct or a necessary element in human life. And about these and such like questions most of those who have studied Aristotle think that he has given them many a valuable suggestion.

## CHAPTER II.

### ARISTOTLE'S LIFE AND WRITINGS.

1. ARISTOTLE was born at Stagira, a Chalcidian colony in Thrace, B.C. 384, and died in exile, voluntarily adopted to avoid a prosecution for impiety, at Chalcis in Euboea, B.C. 322. He studied at Athens, partly under Plato, from 367 to 347 : stayed thereafter for some time with his friend and fellow-student Hermias, despot of Atarneus in Mysia, whose near relative Pythias he married: acted as tutor to Alexander the Great from 343 to 340 B.C.; and lectured at Athens in the Walk ($\pi\epsilon\rho\iota\pi\alpha\tau o\varsigma$) of the Lyceum from 335 to 323. His will and various anecdotes prove him a man of warm domestic sympathies and generous disposition.

The biography of Aristotle is treated most fully by Adolf Stahr, *Aristotelia* (Halle, 1830), and Blakesley (J. W.), *Life of Aristotle* (Cambridge, 1839). The chief original authority is Diogenes Laertius (Book v.), who himself builds upon a number of previous, no longer extant, biographies.

2. The writings of Aristotle seem only to have been first properly collected and edited by Andronicus of Rhodes (B.C. 70) after being possessed successively by Theophrastus, Neleus (of Skepsis in the Troad) and his relatives,

Apellicon (B.C. 100), Sulla (B.C. 86) and Tyrannion: but there is no reason to believe Strabo's assertion that from the time of Theophrastus to Apellicon the works of Aristotle were in great measure unknown to students.

See Strabo, XIII. p. 608, who describing Skepsis speaks of Neleus as διαδεγμένος τὴν βιβλιοθήκην τοῦ Θεοφράστου ἐν ᾗ ἦν καὶ ἡ τοῦ Ἀριστοτέλους· ὁ γὰρ Ἀριστοτέλης τὴν ἑαυτοῦ Θεοφράστῳ παρέδωκεν, and concludes: συνέβη δὲ τοῖς ἐκ τῶν Περιπάτων, τοῖς μὲν πάλαι τοῖς μετὰ Θεόφραστον, ὅλως οὐκ ἔχουσι τὰ βιβλία, πλὴν ὀλίγων καὶ μάλιστα τῶν ἐξωτερικῶν, μηδὲν ἔχειν φιλοσοφεῖν πραγματικῶς, ἀλλὰ θέσεις ληκυθίζειν (amplify dogmas): and compare Plutarch, *Vita Sullae* c. 26, and Athenaeus, *Deipnosoph.* I. c. 2. The subject is fully discussed by Stahr (*Aristotelia*, part 2), and Blakesley (*Life of Aristotle*, p. 137). The latter is probably right in holding the works bequeathed to Theophrastus and Neleus to have been merely autographs of "rough draughts of future works."

3. The genuineness of Aristotle's writings is rendered particularly open to debate by the fact that the catalogue of Aristotle's works given us by Diogenes Laertius corresponds only to a slight extent with our extant collection; but this difficulty is partly met by finding that Aristotle himself refers to *portions* of his works under very different names from those by which we know them—notably for instance the *Physics* are referred to as ἐν τοῖς περὶ τὰς ἀρχάς (274ᵃ21), ἐν τοῖς περὶ κινήσεως, &c. The composition of Aristotle's writings is a subject on which it is impossible to dogmatize, but it would seem not unlikely that a great part of the works as we possess them are little more than lecture-notes supplemented by pupil-editors. Besides the works which we still possess, Aristotle would seem to have composed various more or less

## ARISTOTLE'S LIFE AND WRITINGS. 19

popularly constructed Dialogues; but it seems unnecessary to identify these exclusively with ἐξωτερικοὶ λόγοι, by which latter phrase Aristotle would seem rather to understand any results or opinions that have become part of the common culture of the age.

It seems outside dispute that Aristotle compiled many more works than those which have been handed down to us: and Aristotle himself refers to works which do not correspond with any of those in our collection. See Heitz (E.), *Die verlorenen Schriften des Aristoteles*, 1865, pp. 54—141, where Aristotle's references to works περὶ τροφῆς, περὶ φυτῶν, ἀνατομαί, μεθοδικά, &c. are collected and discussed. Some of these however perhaps exist in our collection under different names, *e.g.* Aristotle's reference to a περὶ στοιχείων and a περὶ τοῦ ποιεῖν καὶ πάσχειν are probably to be found in the work we call *de Generatione et Corruptione*. Aristotle would seem also to have composed a number of dialogues on questions of philosophy, *e.g.* Γρύλλος ἢ περὶ ῥητορικῆς, Εὔδημος ἢ περὶ ψυχῆς, &c. (See Heitz, *Ver. Sch.*, pp. 141—208.) Bernays (*Die Dialoge des Aristoteles*, 1863) has further attempted to identify these dialogues with certain ἐξωτερικοὶ λόγοι to which Aristotle refers; and to maintain that in *Eth.* I. 13, 1102ᵃ26 Aristotle is referring to his dialogue *Eudemus*, in VI. 4, 1140ᵃ2, to the Dialogue on Poets, in *Metaphysics*, XIII. 1, 1076ᵃ28, to the Dialogue on Philosophy, in *Pol.* III. 6, 1278ᵇ30, to the Dialogues περὶ βασιλείας, ὑπὲρ ἀποίκων, and in *Pol.* VII. 1, 1323ᵃ 21, to the Dialogue Κορίνθιος. But it is to be noted that the psychological analysis so accepted in *Eth.* I. 13 is sharply criticized *De An.* II. 9, and the phrase τεθρύλληται in *Metaphys.* XIII. 1 seems to refer to something more current than Aristotle's own opinions. In *Pol.* VII. 1, again, the reference would seem to be, as Zeller points out, to the *popular* division of goods given in *Eth. Nic.* I. 8, 1098ᵃ13. (*Pol.* VII. 1 says: νομίσαντας οὖν ἱκανῶς πολλὰ λέγεσθαι καὶ τῶν ἐν τοῖς ἐξωτερικοῖς λόγοις περὶ τῆς ἀρίστης ζωῆς, καὶ νῦν

2—2

χρηστέον αὐτοῖς· ὡς ἀληθῶς γὰρ πρός γε μίαν διαίρεσιν οὐδεὶς ἀμφισβητήσειεν ἂν ὡς οὐ τριῶν οὐσῶν μερίδων, τῶν τε ἐκτὸς καὶ τῶν ἐν τῷ σώματι καὶ τῶν ἐν τῇ ψυχῇ, πάντα ταῦτα ὑπάρχειν τοῖς μακαρίοις δεῖ. *Eth.* I. 8 says: νενεμημένων δὴ τῶν ἀγαθῶν τριχῇ, καὶ τῶν μὲν ἐκτὸς λεγομένων τῶν δὲ περὶ ψυχὴν καὶ σῶμα, τὰ περὶ ψυχὴν κυριώτατα λέγομεν καὶ μάλιστα ἀγαθά.) It would seem therefore as if we should understand by ἐξωτερικοὶ λόγοι the current educated opinion of the time, the main results of philosophical analysis floating about in Greek society, results with which the Dialogues of Aristotle may have been in many cases identical, but which were by no means confined exclusively to them. A similar explanation must be given of τοῖς ἐν κοινῷ γιγνομένοις λόγοις (*De An.* I. 4, 407ᵇ 29), and τὰ ἐγκύκλια (*Eth. Nic.* i. 3, 1096ᵃ 3).

4. The order of composition of Aristotle's writings can scarcely be stated with any accuracy, as Aristotle (1°) would carry on some works simultaneously, (2°) would frequently make later additions to works which had been principally composed at an earlier date, and probably (3°) made references in one work to another not so much from a chronological as from a logical order in a preconceived system. It would seem however that Aristotle began with rhetorical and logical writings, then proceeded to moral and political, compiled in the third place his physical treatises, and ended with the *Metaphysics*, though this last-named work was no doubt in process of formation during the whole period of his life.

The subject of the order of Aristotle's writings is fully discussed in the learned but clumsily written work of Rose (V.), *De Aristotelis Librorum Ordine* (1854), with which compare the same writer's *Aristoteles Pseudepigraphus* (1863), and Titze (F. N.), *De Aristotelis Operum Serie* (1826). Rose is probably right in holding that Aristotle commenced with the *Topics*, and that the *Ethics* and *Politics* preceded the physical writings; but Zeller would seem right in thinking that the *Metaphysics* closed the list. Rose gives the following

### List of Aristotle's Writings.

1. τοπικῶν ι΄,
2. ἀναλυτικῶν δ΄,
3. περὶ ῥητορικῆς γ΄,
4. ἠθικῶν κ΄,
    πολιτικῶν θ΄,
5. περὶ ποιητικῆς α΄,
6. μεταφυσικῶν κ΄,
7. προβληματικά,
8. φυσικῶν η΄,
    περὶ οὐρανοῦ β΄,
    περὶ γενέσεως καὶ φθορᾶς δ΄,
    μετεωρολογικῶν δ΄,
9. περὶ ζώων ἱστορίας ι΄,
10. περὶ ψυχῆς γ΄,
    περὶ αἰσθήσεως καὶ μνήμης
    καὶ ὕπνου β΄,
    περὶ μακροβιότητος α΄,
    περὶ ζωῆς καὶ θανάτου α΄,
11. περὶ ζώων μορίων δ΄,
    περὶ ζώων πορείας α΄,
    περὶ ζώων γενέσεως ε΄.

The other works usually ascribed to Aristotle, Rose regards as spurious; but this result cannot be said to be fully established as regards either the work on *Categories* or that *de Interpretatione*.

5. Aristotelianism was after Aristotle's death continued and developed by Theophrastus (373—288), Eudemus of Rhodes, and Strato of Lampsacus, this last particularly giving a materialistic rendering to Aristotle's doctrines: and was more closely expounded and annotated by the exegete Alexander of Aphrodisias (A.D. 200), Themistius (about 330—390), Philoponus and Simplicius. After Justinian's suppression of philosophical studies at Athens (A.D. 529), it was preserved by Syriac and Arabic translations in the East, and was thence, through Latin translations from the Arabian, communicated (about A.D.

1200) to Western Europe, where up to that time the knowledge of Aristotle had been confined to his Logic as expounded by Porphyry at Rome (A.D. 233—304), and translated by Boethius (A.D. 470—525). It thus became the basis of Scholasticism, but was not studied with reference to the Greek Originals till the beginning of the fifteenth century. At the time of the Protestant Reformation it was subjected to much violent depreciation, but it still forms no inconsiderable element in modern philosophy.

Cp. Article on Arabian Philosophy in *Encyc. Brit.* ninth edit.; Renan, *De Philos. Peripatetica apud Syros: Averroes et l'Averroisme;* Stahr, *Aristoteles bei den Römern.*

6. The various influences and valuable opportunities which the circumstances of his life opened up to Aristotle enabled him to grasp philosophy with almost equal vigour in all its different divisions and thus frame an encyclopaedic philosophy.

7. This encyclopaedia—since thought has three objects—includes:

1°, Speculative Philosophy, whose end is truth:
2°, Practical Philosophy, whose end is action:
3°, Poetic Philosophy, whose end is an artistic product.

πᾶσα διάνοια ἢ πρακτικὴ ἢ ποιητικὴ ἢ θεωρητική. *Metaphys.* E. 1, 1025$^b$25.

ὀρθῶς δ' ἔχει καὶ τὸ καλεῖσθαι τὴν φιλοσοφίαν ἐπιστήμην τῆς ἀληθείας. θεωρητικῆς μὲν γὰρ τέλος ἀλήθεια, πρακτικῆς δ' ἔργον. *Metaph.* A. 1, 993$^b$20.

τέλος δὲ τῆς μὲν ποιητικῆς ἐπιστήμης τὸ ἔργον. *De Caelo* III. 7, 306$^a$16.

## ARISTOTLE'S LIFE AND WRITINGS.

8. Speculative Philosophy subdivides into *Prima Philosophia* (called also Theology), Mathematic and Physic[1]: Practical Philosophy into Ethic, Oeconomic, and Politic[2]. Poetic Philosophy considers Art and its specific forms in Poetry and Rhetoric[3].

[1] τρεῖς ἂν εἶεν φιλοσοφίαι θεωρητικαί, μαθηματική, φυσική, θεολογική...ἡ μὲν γὰρ φυσικὴ περὶ ἀχώριστα μὲν ἀλλ' οὐκ ἀκίνητα, τῆς δὲ μαθηματικῆς ἔνια περὶ ἀκίνητα μὲν οὐ χωριστὰ δ' ἴσως, ἀλλ' ὡς ἐν ὕλῃ. ἡ δὲ πρώτη καὶ περὶ χωριστὰ καὶ ἀνίνητα. *Metaph.* E. 1, 1026ᵃ 18. For Aristotle's conception of πρωτὴ φιλοσοφία or Metaphysic see § 29; and for that of Physic, § 40. Speculative Philosophy is divided in almost the same way in *Metaph.* K. 7, 1064ᵃ 28—1064ᵇ 3.

[2] Eudemus (*Eth.* I. 8, 1218ᵇ 13) distinguishes between πολιτική, οἰκονομική and φρόνησις as the three parts of a philosophy of action; but Aristotle himself nowhere puts the matter so definitely. Cp. however *Eth. Nic.* VI. 8, 1141ᵇ 30, where a somewhat similar distinction is implied.

[3] Aristotle himself however makes no systematic classification of ποιητική. A passage in the *Rhetoric* would almost warrant us in regarding Painting, Sculpture and Poetry as the three forms of artistic thought: ἐπεὶ δὲ τὸ μανθάνειν τε ἡδὺ καὶ τὸ θαυμάζειν, καὶ τὰ τοιάδε ἀνάγκη ἡδέα εἶναι οἶον τό τε μεμιμημένον, ὥσπερ γραφικὴ καὶ ἀνδριαντοποιία καὶ ποιητική, *Rhet.* I. 11, 1371ᵇ 4. Ravaisson (*Métaphysique d'Aristote*, I. 252) would subdivide Poetic into Poetic strictly so called, Rhetoric and Dialectic; but for such a division there is no authority in Aristotle. Logic does not fall within the sciences as classified, but contains the general principles or rules of method on which all thought is to be studied.

## CHAPTER III.

### LOGIC.

9. The logical writings of Aristotle were at an early period collected together under the name of *Organon* by some one or other Peripatetic who regarded Logic as an instrument, or body of rules, by the aid of which any science might be investigated[1]. By Aristotle himself however the term "Logic" is used as equivalent to mere verbal reasoning: the science which we call Logic he knows as "Analytic[2]." The treatises comprised in the *Organon* correspond in great part to the present sections of the formal logic—the *Categories* being a classification of terms, the work *de Interpretatione* (so called because language is regarded as the interpretation of thought) an analysis of the proposition, the *Analytics*, Prior and Posterior, an exhaustive treatment of Syllogism, the *Topics*, a discourse on Probable Reasoning, and the *Sophistical Refutations*, a discourse on Fallacies[3].

[1] The name may have been suggested by *Topics* VIII. 14, 163$^b$ 11, where Aristotle says it is not a small aid (οὐ μικρὸν ὄργανον) to science to be able to draw out the consequences of conflicting hypotheses, and is in harmony with *Topics* I. 2, 101$^a$ 29, and *Metaphysics* Γ. 3, 1005$^b$ 4, where he says an insufficient study of Metaphysic results δι' ἀπαιδευσίαν τῶν ἀναλυτικῶν. The *title* however is not used by the early commentators—see St Hilaire, *De la*

*Logique d'Aristote* (1838)—but it was a common question between the Stoics and Peripatetics whether Logic was a part (μέρος) or instrument (ὄργανον) of Philosophy. Cp. Brandis, *Scholia*, 140ᵃ47, and see Prantl, *Geschichte d. Logik*, I. 89, 532.

[2] Thus λογικῶς is connected with διαλεκτικῶς and κενῶς, and is opposed as abstract *a priori* reasoning to reasoning based on concrete facts (φυσικῶς). Cp. *Anal. Post.* I. 32, 88ᵃ 19. 30: *Phys.* III. 5, 204ᵇ4 and *Anal. Post.* I. 22, 84ᵃ 8, where λογικῶς is opposed to ἀναλυτικῶς.

[3] The treatises are known by their Greek titles as follows: 1° κατηγορίαι: 2° περὶ ἑρμηνείας: 3° ἀναλυτικὰ πρότερα: 4° ἀναλυτικὰ ὕστερα: 5° τὰ τοπικά, of which the last book is entitled 6° σοφιστικοὶ ἔλεγχοι.

10. The Categories of Aristotle are in the first instance classifications of isolated words (τὰ ἄνευ συμπλοκῆς λεγόμενα) as opposed to propositions, and are most fully enumerated as ten in number—viz. Substance, Quantity, Quality, Relation, Place, Time, Situation, Condition, Action, Passion—*i. e.* everything which exists may be described as (1) a substance, (2) a quantity, &c.[1] These ten Categories would seem to be arranged on little or no principle: but we may regard them as corresponding to the order of the questions we should put in gaining knowledge of an object—we ask, *i.e.*, first what a thing is, then how great it is, next of what kind it is—and substance (οὐσία) is always regarded as the most important[2]. Substances are further divided into first and second— first substances being *individual* objects, second substances the *species* in which first substances or individuals inhere[3]. Quantity is divided into continuous and discrete: Relations are defined as terms whose being is "of" others[4]: and among Qualities, "secondary" or passive qualities (παθητικαὶ ποιότητες) have a distinct place[5].

¹ τῶν λεγομένων τὰ μὲν κατὰ συμπλοκὴν λέγεται, τὰ δ' ἄνευ συμπλοκῆς. τὰ μὲν οὖν κατὰ συμπλοκὴν οἷον ἄνθρωπος τρέχει, τὰ δ' ἄνευ συμπλοκῆς οἷον ἄνθρωπος, βοῦς, τρέχει, νικᾷ...τῶν κατὰ μηδεμίαν συμπλοκὴν λεγομένων ἕκαστον ἤτοι οὐσίαν σημαίνει ἢ ποσὸν ἢ ποιὸν ἢ πρός τι ἢ ποῦ ἢ ποτὲ ἢ κεῖσθαι ἢ ἔχειν ἢ ποιεῖν ἢ πάσχειν. ἔστι δὲ οὐσία ὡς τύπῳ εἰπεῖν οἷον ἄνθρωπος, ἵππος· ποσὸν δὲ οἷον δίπηχυ, τρίπηχυ· ποιὸν δὲ οἷον λευκόν, γραμματικόν· πρός τι δὲ οἷον διπλάσιον· ποῦ δὲ οἷον ἐν ἀγορᾷ· ποτὲ δὲ οἷον ἐχθές· κεῖσθαι δὲ οἷον ἀνάκειται· ἔχειν δὲ οἷον ὑποδέδεται· ποιεῖν δὲ οἷον τέμνει, καίει· πάσχειν δὲ οἷον τέμνεται, καίεται. *Cat.* 4, 1ᵇ 25. Cp. *Top.* I. 9, 103ᵇ 30, where the γένη τῶν κατηγοριῶν are treated as corresponding with the description of an object : ὅταν μὲν γὰρ ἐκκειμένου ἀνθρώπου φῇ τὸ ἐκκείμενον ἄνθρωπον εἶναι ἢ ζῷον, τί ἐστι λέγει καὶ οὐσίαν σημαίνει, ὅταν δὲ χρώματος λευκοῦ ἐκκειμένου φῇ τὸ ἐκκείμενον λευκὸν εἶναι ἢ χρῶμα, τί ἐστι λέγει καὶ ποιὸν σημαίνει.

² τοσαυταχῶς δὲ λεγομένου τοῦ ὄντος φανερὸν ὅτι τούτων πρῶτον ὂν τὸ τί ἐστιν, ὅπερ σημαίνει τὴν οὐσίαν...τὰ δ' ἄλλα λέγεται ὄντα τῷ τοῦ οὕτως ὄντος τὰ μὲν ποσότητας εἶναι, τὰ δὲ ποιότητας, τὰ δὲ πάθη, τὰ δὲ ἄλλο τι τοιοῦτον... πολλαχῶς μὲν οὖν λέγεται τὸ πρῶτον· ὅμως δὲ πάντων ἡ οὐσία πρῶτον καὶ λόγῳ καὶ γνώσει καὶ χρόνῳ...καὶ εἰδέναι τότ' οἰόμεθα ἕκαστον μάλιστα, ὅταν τί ἐστιν ὁ ἄνθρωπος γνῶμεν ἢ τὸ πῦρ, μᾶλλον ἢ τὸ ποιὸν ἢ τὸ ποσὸν ἢ τὸ ποῦ. *Meta.* Z. 1, 1028ᵃ 13.

³ οὐσία δέ ἐστιν ἡ κυριώτατά τε καὶ πρώτως καὶ μάλιστα λεγομένη, ἣ μήτε καθ' ὑποκειμένου τινὸς λέγεται (*i.e.* is not predicated of any subject) μήτ' ἐν ὑποκειμένῳ τινί ἐστιν, οἷον ὁ τὶς ἄνθρωπος ἢ ὁ τὶς ἵππος. δεύτεραι δὲ οὐσίαι λέγονται, ἐν οἷς εἴδεσιν αἱ πρώτως οὐσίαι λεγόμεναι ὑπάρχουσιν, οἷον ὁ τὶς ἄνθρωπος ἐν εἴδει μὲν ὑπάρχει τῷ ἀνθρώπῳ. γένος δὲ τοῦ εἴδους ἐστὶ τὸ ζῷον· δεύτεραι οὖν αὗται λέγονται οὐσίαι, οἷον ὅ τε ἄνθρωπος καὶ τὸ ζῷον...τῶν δὲ δευτέρων οὐσιῶν μᾶλλον οὐσία τὸ εἶδος τοῦ γένους· ἔγγιον γὰρ τῆς πρώτης οὐσίας ἐστίν. πᾶσα δὲ οὐσία δοκεῖ τόδε τι σημαίνειν. *Categ.* 5, 2ᵃ 11. But contrast with this *Meta.* Z. 7, 1032ᵇ 2, where εἶδος is regarded as primary substance—εἶδος δὲ

λέγω τὸ τί ἦν εἶναι ἑκάστου καὶ τὴν πρώτην οὐσίαν, and 1054ᵇ 1, where λόγος is said to be τῆς πρώτης οὐσίας. ⁴ πρός τι δὲ τὰ τοιαῦτα λέγεται ὅσα αὐτὰ ἅπερ ἐστὶν ἑτέρων εἶναι λέγεται...οἷον τὸ μεῖζον τοῦθ' ὅπερ ἐστὶν ἑτέρου λέγεται. τινὸς γὰρ λέγεται μεῖζον. *Cat.* 7, 6ᵃ 36.
⁵ παθητικαὶ δὲ ποιότητες λέγονται οὐ τῷ αὐτὰ τὰ δεδεγμένα τὰς ποιότητας πεπονθέναι τι· οὔτε γὰρ τὸ μέλι τῷ πεπονθέναι τι λέγεται γλυκύ. *Cat.* 8, 9ᵃ 35.

11. Notions when isolated do not in themselves express either truth or falsehood: it is only with the combination of ideas in a proposition that truth and falsity are possible[1]. The elements of such a proposition are the ὄνομα or noun substantive on the one hand, the ῥῆμα or verb on the other[2]. The noun or name is a sound conveying no idea of time and acquiring its meaning only by convention (κατὰ συνθήκην)[3]: the verb is distinguished from it by adding on the connotation of time[4]. Beside the ordinary noun and verb, we must recognise the *nomen infinitum* (ὄνομα ἀόριστον) like notgood which is infinite and indefinite as applying to *everything* not covered by the positive conception[5].

[1] περὶ σύνθεσιν καὶ διαίρεσίν ἐστι τὸ ψεῦδός τε καὶ τὸ ἀληθές. τὰ μὲν οὖν ὀνόματα αὐτὰ καὶ τὰ ῥήματα ἔοικε τῷ ἄνευ συνθέσεως καὶ διαιρέσεως νοήματι, οἷον τὸ ἄνθρωπος ἢ τὸ λευκόν, ὅταν μὴ προστεθῇ τι· οὔτε γὰρ ψεῦδος οὔτε ἀληθές πω· σημεῖον δ' ἐστὶ τοῦδε· καὶ γὰρ ὁ τραγέλαφος σημαίνει μέν τι, οὔπω δὲ ἀληθὲς ἢ ψεῦδος, ἐὰν μὴ τὸ εἶναι ἢ μὴ εἶναι προστεθῇ, ἢ ἁπλῶς ἢ κατὰ χρόνον (*i.e.* unless it is in addition asserted to be or not be, either generally—without any particular connotation of time—or in a particular tense). *De Interpret.* 1, 16ᵃ 12.
[2] ἀνάγκη δὲ πάντα λόγον ἀποφαντικὸν (*i.e.* proposition) ἐκ ῥήματος εἶναι ἢ πτώσεως ῥήματος. *De Inter.* 5, 17ᵃ 10.
[3] ὄνομα μὲν οὖν ἐστι φωνὴ σημαντικὴ κατὰ συνθήκην

28    LOGIC.

ἄνευ χρόνου, ἧς μηδὲν μέρος ἐστὶ σημαντικὸν κεχωρισμένον· ἐν γὰρ τῷ Κάλλιππος τὸ ἵππος οὐδὲν αὐτὸ καθ' ἑαυτὸ σημαίνει, ὥσπερ ἐν τῷ λόγῳ τῷ καλὸς ἵππος...τὸ δὲ κατὰ συνθήκην ὅτι φύσει τῶν ὀνομάτων οὐδέν ἐστιν (as Plato had maintained in the *Cratylus*) ἀλλ' ὅταν γένηται σύμβολον, ἐπεὶ δηλοῦσί γέ τι καὶ οἱ ἀγράμματοι ψόφοι, οἷον θηρίων, ὧν οὐδέν ἐστιν ὄνομα. *De Inter.* 2, 16ᵃ 20.
⁴ ῥῆμα δέ ἐστι τὸ προσσημαῖνον χρόνον, οὗ μέρος οὐδὲν σημαίνει χωρίς, καὶ ἔστιν ἀεὶ τῶν καθ' ἑτέρου λεγομένων σημεῖον, οἷον τῶν καθ' ὑποκειμένου ἢ ἐν ὑποκειμένῳ. *De Inter.* 3, 16ᵇ 6.
⁵ τὸ δ' οὐκ ἄνθρωπος οὐκ ὄνομα. οὐ μὴν οὐδὲ κεῖται ὄνομα ὅτι δεῖ καλεῖν αὐτό· οὔτε γὰρ λόγος οὔτε ἀπόφασίς (negation) ἐστιν. ἀλλ' ἔστω ὄνομα ἀόριστον...τὸ δὲ οὐχ ὑγιαίνει καὶ τὸ οὐ κάμνει οὐ ῥῆμα λέγω, ἀλλ' ἔστω ἀόριστον ῥῆμα, ὅτι ὁμοίως ἐφ' ὁτουοῦν ὑπάρχει καὶ ὄντος καὶ μὴ ὄντος. *De Inter.* 2, 16ᵃ 30.

12. The combination of words gives rise to rational speech and thought (λόγος), which possesses a meaning not only as a whole but also in its parts. Such λόγος may take many forms, but Logic considers only the demonstrative or indicative form as that which alone expresses truth and falsehood[1]. A simple proposition then is a significant sound which expresses the inherence or non-inherence of something in something else[2]: for the truth or falsity of propositions is determined by their agreement or disagreement with the facts they represent, a false proposition combining what is divided and dividing what is really united[3]. Thus propositions are either affirmative (καταφατικαί) or negative (ἀποφατικαί)[4], each of which again may be either universal or particular or indesignate[5]. Propositions may further differ modally, *i. e.* as to the *degree* of inherence between subject and predicate, and so become necessary or problematic[6].

## LOGIC.

[1] λόγος δέ ἐστι φωνὴ σημαντική, ἧς τῶν μερῶν τι σημαντικόν ἐστι κεχωρισμένον ὡς φάσις, ἀλλ' οὐχ ὡς κατάφασις ἢ ἀπόφασις (cp. *Poet.* c. 20, 1457ᵃ 23)...ἔστι δὲ λόγος ἅπας μὲν σημαντικός, οὐχ ὡς ὄργανον δέ, ἀλλ' ὥσπερ εἴρηται κατὰ συνθήκην· ἀποφαντικὸς δὲ οὐ πᾶς, ἀλλ' ἐν ᾧ τὸ ἀληθεύειν ἢ ψεύδεσθαι ὑπάρχει. οὐκ ἐν ἅπασι δὲ ὑπάρχει, οἷον ἡ εὐχὴ λόγος μέν, ἀλλ' οὔτε ἀληθὴς οὔτε ψευδής. οἱ μὲν οὖν ἄλλοι ἀφείσθωσαν· ῥητορικῆς γὰρ ἢ ποιητικῆς οἰκειοτέρα ἡ σκέψις· ὁ δὲ ἀποφαντικὸς τῆς νῦν θεωρίας. *De Inter.* 4, 16ᵇ 26.

[2] ἔστι δὲ ἡ μὲν ἁπλῆ ἀπόφανσις φωνὴ σημαντικὴ περὶ τοῦ ὑπάρχειν τι ἢ μὴ ὑπάρχειν ὡς οἱ χρόνοι διῄρηνται. *De Inter.* 5, 17ᵃ 23.

[3] ὁμοίως οἱ λόγοι ἀληθεῖς ὥσπερ τὰ πράγματα. *De Inter.* 9, 19ᵃ 33. ὥστε ἀληθεύει μὲν ὁ τὸ διῃρημένον οἰόμενος διῃρῆσθαι καὶ τὸ συγκείμενον συγκεῖσθαι, ἔψευσται δὲ ὁ ἐναντίως ἔχων ἢ τὰ πράγματα. *Meta.* Θ. 10, 1051ᵇ 3.

[4] ἔστι δὲ εἷς πρῶτος λόγος ἀποφαντικὸς κατάφασις, εἶτα ἀπόφασις· οἱ δ' ἄλλοι πάντες συνδέσμῳ εἷς. [Cp. *Poet.* c. 20, 1457ᵃ 28 and *Anal. Pr.* 86ᵇ 33, where Aristotle shews that affirmation is prior to negation just as being to non-being] κατάφασις δέ ἐστιν ἀπόφανσίς τινος κατὰ τινος. ἀπόφασις δέ ἐστιν ἀπόφανσίς τινος ἀπό τινος. *De Inter.* 5, 6, 17ᵃ 7.

[5] πρότασις μὲν οὖν ἐστι λόγος καταφατικὸς ἢ ἀποφατικὸς τινὸς κατὰ τινος. οὗτος δὲ ἢ καθόλου ἢ ἐν μέρει ἢ ἀδιόριστος. λέγω δὲ καθόλου μὲν τὸ παντὶ ἢ μηδενὶ ὑπάρχειν, ἐν μέρει δὲ τὸ τινὶ ἢ μὴ τινὶ ἢ μὴ παντὶ ὑπάρχειν, ἀδιόριστον δὲ τὸ ὑπάρχειν ἢ μὴ ὑπάρχειν ἄνευ τοῦ καθόλου ἢ κατὰ μέρος, οἷον τὸ τῶν ἐναντίων εἶναι τὴν αὐτὴν ἐπιστήμην ἢ τὸ τὴν ἡδονὴν μὴ εἶναι ἀγαθόν. *Anal. Prior.* I. 1, 24ᵃ 16.

[6] πᾶσα πρότασίς ἐστιν ἢ τοῦ ὑπάρχειν ἢ τοῦ ἐξ ἀνάγκης ὑπάρχειν ἢ τοῦ ἐνδέχεσθαι ὑπάρχειν. *Anal. Prior.* I. 2, 25ᵃ 1.

13. Propositions are said to be opposed as Contradictories (ἀντιφατικῶς ἀντικεῖσθαι) when the one asserts or denies of the whole what the other denies or asserts of the part, and as contraries (ἐναντίως ἀντικεῖσθαι) when

an universal affirmative stands against a universal negative. Contradictories accordingly entirely exclude one another and one proposition must be false another true: contrary propositions may both be false[1]. Formally (κατὰ τὴν λέξιν) four kinds of opposition have to be distinguished, but really only three, since the opposition of a particular affirmative to a particular negative is merely verbal[2]. Propositions admit of Conversion (ἀντιστροφή) into equivalent propositions having the order of the terms reversed, but while the universal negative converts simply, the affirmative does so only partially[3].

[1] δῆλον ὅτι πάσῃ καταφάσει ἐστὶν ἀπόφασις ἀντικειμένη καὶ πάσῃ ἀποφάσει κατάφασις. καὶ ἔστω ἀντίφασις τοῦτο, κατάφασις καὶ ἀπόφασις αἱ ἀντικείμεναι. λέγω δὲ ἀντικεῖσθαι τὴν τοῦ αὐτοῦ κατὰ τοῦ αὐτοῦ μὴ ὁμωνύμως δὲ, καὶ ὅσα ἄλλα τῶν τοιούτων προσδιοριζόμεθα πρὸς τὰς σοφιστικὰς ἐνοχλήσεις [i.e. the subject of the opposed propositions and also the predicate must be really the same thing, not a thing called ambiguously by the same name (ὁμωνύμως)......] ἀντικεῖσθαι μὲν οὖν κατάφασιν ἀποφάσει λέγω ἀντιφατικῶς τὴν τὸ καθόλου σημαίνουσαν τῷ αὐτῷ ὅτι οὐ καθόλου, οἷον πᾶς ἄνθρωπος λευκός—οὐ πᾶς ἄνθρωπος λευκός, οὐδεὶς ἄνθρωπος λευκός—ἔστι τις ἄνθρωπος λευκός· ἐναντίως δὲ τὴν τοῦ καθόλου κατάφασιν καὶ τὴν τοῦ καθόλου ἀπόφασιν, οἷον πᾶς ἄνθρωπος δίκαιος—οὐδεὶς ἄνθρωπος δίκαιος. διὸ ταύτας μὲν οὐχ οἷόν τε ἅμα ἀληθεῖς εἶναι, τὰς δὲ ἀντικειμένας αὐταῖς ἐνδέχεται ἐπὶ τοῦ αὐτοῦ, οἷον οὐ πᾶς ἄνθρωπος λευκὸς καὶ ἔστι τις ἄνθρωπος λευκός [the reference is to what we call sub-contrary opposition— i.e. between I and O], (*De Inter.* 6, 17ᵃ 31). ἀντίφασις δὲ ἀντίθεσις ἧς οὐκ ἔστι μεταξὺ καθ' αὑτήν (*Anal. Post.* 1, 2, 72ᵃ 12). ὥστε ἐπὶ μόνων τούτων ἴδιον ἂν εἴη τὸ ἀεὶ θάτερον αὐτῶν ἀληθὲς ἢ ψεῦδος εἶναι, ὅσα ὡς κατάφασις καὶ ἀπόφασις ἀντίκειται. *Cat.* 10, 13ᵇ 32.

[2] λέγω δ' ἀντικειμένας εἶναι προτάσεις κατὰ μὲν τὴν

## LOGIC. 31

λέξιν τέτταρας, οἷον τὸ παντὶ τῷ οὐδενί, καὶ τὸ παντὶ τῷ οὐ παντί, καὶ τὸ τινὶ τῷ οὐδενί, καὶ τὸ τινὶ τῷ οὐ τινὶ, κατ' ἀλήθειαν δὲ τρεῖς· τὸ γὰρ τινὶ τῷ οὐ τινὶ κατὰ τὴν λέξιν ἀντίκειται μόνον. *Anal. Pr.* II, 15, 63[b] 23.

[3] τὴν ἐν τῷ ὑπάρχειν καθόλου στερητικήν [*i.e.* the universal negative, πρότασιν being supplied] ἀνάγκη τοῖς ὅροις ἀντιστρέφειν, οἷον εἰ μηδεμία ἡδονὴ ἀγαθόν, οὐδ' ἀγαθὸν οὐδὲν ἔσται ἡδονή· τὴν δὲ κατηγορικὴν (affirmative) ἀντιστρέφειν μὲν ἀναγκαῖον, οὐ μὴν καθόλου ἀλλ' ἐν μέρει, οἷον εἰ πᾶσα ἡδονὴ ἀγαθόν, καὶ ἀγαθόν τι εἶναι ἡδονήν· τῶν δὲ ἐν μέρει τὴν μὲν καταφατικὴν ἀντιστρέφειν ἀνάγκη κατὰ μέρος (εἰ γὰρ ἡδονή τις ἀγαθόν, καὶ ἀγαθόν τι ἔσται ἡδονή) τὴν δὲ στερητικὴν οὐκ ἀναγκαῖον· οὐ γὰρ εἰ ἄνθρωπος μὴ ὑπάρχει τινὶ ζῴῳ, καὶ ζῷον οὐχ ὑπάρχει τινὶ ἀνθρώπῳ. *Anal. Pr.* I. 2, 25[a] 1. [Modern Logic applies "conversion by negation" to such a proposition, *i.e.* it first by permutation changes the negative proposition into the corresponding affirmative and then converts simply. Thus (to take Aristotle's instance) "Some Animals are not men" becomes "Some Animals are Not-men," a proposition which converts into "Some Not-Men are Animals."]

14. The Predicables or possible relations in which the predicate of a proposition may stand to its subject are those of genus, (difference), property and accident[1]. This result may be reached either inductively (διὰ τῆς ἐπαγωγῆς)—*i. e.* by examining all kinds of actual propositions, or deductively (διὰ συλλογισμοῦ) by considering the different ways in which from the nature of the case the predicate *must* stand towards the subject. For the predicate of a proposition either must convert with and take the place of its subject or it is not thus convertible. Now in the former case the predicate as convertible with the subject is either a definition (ὅρος) or a property (ἴδιον), in the latter case when not convertible it is either a genus (γένος) or a difference (διαφορά) or else an

accident (συμβεβηκός)[2]. By a definition Aristotle understands the statement of the essential character of a subject: a property is a quality which without expressing the real essence (τὸ τί ἦν εἶναι) is an inseparable concomitant of a subject and is convertible with it: a genus is a term which can be applied to a number of objects specifically different: an accident is an attribute which may or may not belong to some subject[3].

[1] πᾶσα δὲ πρότασις καὶ πᾶν πρόβλημα ἢ γένος ἢ ἴδιον ἢ συμβεβηκὸς δηλοῖ· καὶ γὰρ τὴν διαφορὰν ὡς οὖσαν γενικὴν ὁμοῦ τῷ γένει τακτέον......μηδεὶς δ' ἡμᾶς ὑπολάβῃ λέγειν ὡς ἕκαστον τούτων καθ' αὑτὸ λεγόμενον πρότασις ἢ πρόβλημά ἐστιν, ἀλλ' ὅτι ἀπὸ τούτων καὶ τὰ προβλήματα καὶ αἱ προτάσεις γίνονται. διαφέρει δὲ τὸ πρόβλημα καὶ ἡ πρότασις τῷ τρόπῳ. οὕτω μὲν γὰρ ῥηθέντος, ἆρά γε τὸ ζῷον πεζὸν δίπουν ὁρισμός ἐστιν ἀνθρώπου; πρότασις γίνεται· ἐὰν δὲ πότερον τὸ ζῷον πεζὸν δίπουν ὁρισμός ἐστιν ἀνθρώπου ἢ οὔ; πρόβλημα γίνεται. *Top.* I. 4, 101ᵇ 17.

[2] ὅτι δ' ἐκ τῶν πρότερον εἰρημένων οἱ λόγοι καὶ διὰ τούτων καὶ πρὸς ταῦτα, μία μὲν πίστις ἡ διὰ τῆς ἐπαγωγῆς (induction)· εἰ γάρ τις ἐπισκοποίη ἑκάστην τῶν προτάσεων καὶ τῶν προβλημάτων, φαίνοιτ' ἂν ἢ ἀπὸ τοῦ ὅρου ἢ ἀπὸ τοῦ ἰδίου ἢ ἀπὸ τοῦ γένους ἢ ἀπὸ τοῦ συμβεβηκότος γεγενημένη. ἄλλη δὲ πίστις ἡ διὰ συλλογισμοῦ· ἀνάγκη γὰρ πᾶν τὸ περί τινος κατηγορούμενον ἤτοι ἀντικατηγορεῖσθαι τοῦ πράγματος ἢ μή. καὶ εἰ μὲν ἀντικατηγορεῖται, ὅρος ἢ ἴδιον ἂν εἴη· εἰ μὲν γὰρ σημαίνει τὸ τί ἦν εἶναι, ὅρος, εἰ δὲ μὴ σημαίνει ἴδιον· τοῦτο γὰρ ἦν ἴδιον, τὸ ἀντικατηγορούμενον μέν, μὴ σημαῖνον δὲ τὸ τί ἦν εἶναι. εἰ δὲ μὴ ἀντικατηγορεῖται τοῦ πράγματος, ἤτοι τῶν ἐν τῷ ὁρισμῷ τοῦ ὑποκειμένου λεγομένων ἐστὶν ἢ οὔ. καὶ εἰ μὲν τῶν ἐν τῷ ὁρισμῷ λεγομένων γένος ἢ διαφορὰ ἂν εἴη, ἐπειδὴ ὁ ὁρισμὸς ἐκ γένους καὶ διαφορῶν ἐστίν· εἰ δὲ μὴ τῶν ἐν τῷ ὁρισμῷ λεγομένων ἐστί, δῆλον ὅτι συμβεβηκὸς ἂν εἴη. *Top.* I. 8, 103ᵇ 10.

[3] ἔστι δ' ὅρος μὲν λόγος ὁ τὸ τί ἦν εἶναι σημαίνων (for explanation of the phrase τὸ τ. η. ε. see § 38), ἴδιον δ' ἐστὶν ὃ

# LOGIC.

μὴ δηλοῖ μὲν τὸ τί ἦν εἶναι, μόνῳ δ' ὑπάρχει καὶ ἀντικατηγορεῖται τοῦ πράγματος, οἷον ἴδιον ἀνθρώπου τὸ γραμματικῆς εἶναι δεκτικόν. γένος δ' ἐστὶ τὸ κατὰ πλειόνων καὶ διαφερόντων τῷ εἴδει ἐν τῷ τί ἐστι κατηγορούμενον (*i.e.* what is said of several subjects, specifically different, in stating *what is their nature, e.g.* when asked 'what is' man, we say an animal) συμβεβηκὸς δέ ἐστιν ὃ μηδὲν μὲν τούτων ἐστί, μήτε ὅρος μήτε ἴδιον μήτε γένος, ὑπάρχει δὲ τῷ πράγματι καὶ ὃ ἐνδέχεται ὑπάρχειν ὁτῳοῦν ἑνὶ καὶ τῷ αὐτῷ καὶ μὴ ὑπάρχειν, οἷον τὸ καθῆσθαι ἐνδέχεται ὑπάρχειν τινὶ τῷ αὐτῷ καὶ μὴ ὑπάρχειν. *Top.* I. 5, 102ᵃ1—102ᵇ5.

Aristotle then, it should be noticed, discusses the Predicables simply as expressing the relation of a predicate to the subject; he does not objectify them like the schoolmen. And the Categories do not get confused with the predicates: for the latter are contained within the former, ἀεὶ γὰρ τὸ συμβεβηκὸς καὶ τὸ γένος καὶ τὸ ἴδιον καὶ ὁ ὁρισμὸς ἐν μιᾷ τούτων τῶν κατηγοριῶν ἔσται. *Top.* I. 9, 103ᵇ23.

15. Definition (ὅρος, ὁρισμός), as the statement of the essential nature of an object, expresses itself in the genus on the one hand, the differentia on the other[1]. To get then at a true definition we must find out those qualities within the genus which taken separately are of wider extent than the subject to be defined, but taken altogether are precisely equal to it—thus while 'prime' 'odd' and 'number' are each wider than triad, together they are just equal to it[2]. Division (διαίρεσις) must be accordingly applied to enable us to find out the specific kinds of a conception: it will especially secure our leaving out no species of the notion which is to be defined[3]. The species thus determined, we must next go on to find the points of similarity in the species separately and then consider the common characteristics of different species: or should no such common point

be discovered we must allow a real difference between the different species—thus in defining magnanimity if we find some magnanimous persons marked by inability to brook insult and others marked by indifference to fortune, but cannot reduce the two features to one common characteristic, we must recognise two kinds of magnanimity[4]. Definition may be imperfect either from being obscure or from being too wide or from not stating the essential and fundamental attributes. Obscurity may arise from the use of equivocal expressions, of metaphorical phrases, of eccentric words[5]. The disregard of essential and primary attributes is shewn in (α) defining opposite by opposite, (β) using explicitly or implicitly the very word to be defined, (γ) explaining a higher conception by a lower in which the higher is included[6].

[1] δεῖ μὲν διὰ τοῦ γένους καὶ τῶν διαφορῶν ὁρίζεσθαι τὸν καλῶς ὁριζόμενον. *Top.* VI. 4, 141$^b$ 29.

[2] τῶν δὴ ὑπαρχόντων ἀεὶ ἑκάστῳ...τοιαῦτα ληπτέον μέχρι τούτου ἕως τοσαῦτα ληφθῇ πρῶτον, ὧν ἕκαστον μὲν ἐπὶ πλεῖον ὑπάρξει, ἅπαντα δὲ μὴ ἐπὶ πλέον· ταύτην γὰρ ἀνάγκη οὐσίαν εἶναι τοῦ πράγματος. οἷον τριάδι ὑπάρχει πάσῃ ἀριθμός, τὸ περιττόν, τὸ πρῶτον (prime) ἀμφοτέρως, καὶ ὡς μὴ μετρεῖσθαι ἀριθμῷ καὶ ὡς μὴ συγκεῖσθαι ἐξ ἀριθμῶν. τοῦτο τοίνυν ἤδη ἐστὶν ἡ τριάς, ἀριθμός περιττὸς πρῶτος καὶ ὡδὶ πρῶτος. τούτων γὰρ ἕκαστον, τὰ μὲν καὶ τοῖς περιττοῖς πᾶσιν ὑπάρχει, τὸ δὲ τελευταῖον καὶ τῇ δυάδι, πάντα δὲ οὐδενί. *An. Post.* II. 13, 96$^a$ 32.

[3] χρὴ δὲ ὅταν ὅλον τι πραγματεύηταί τις (discusses and investigates) διελεῖν τὸ γένος εἰς τὰ ἄτομα τῷ εἴδει τὰ πρῶτα, οἷον ἀριθμὸν εἰς τριάδα καὶ δυάδα. *Ibid.* 96$^b$ 15.

[4] ζητεῖν δὲ δεῖ ἐπιβλέποντα ἐπὶ τὰ ὅμοια καὶ ἀδιάφορα (like objects which present no differences), πρῶτον τί ἅπαντα ταὐτὸν ἔχουσιν, εἶτα πάλιν ἐφ' ἑτέροις, ἃ ἐν ταὐτῷ μὲν γένει ἐκείνοις, εἰσὶ δὲ αὐτοῖς μὲν ταὐτὰ τῷ εἴδει, ἐκείνων

## LOGIC. 35

δ' ἕτερα. ὅταν δ' ἐπὶ τούτων ληφθῇ τί πάντα ταὐτόν, καὶ ἐπὶ τῶν ἄλλων ὁμοίως, ἐπὶ τῶν εἰλημμένων πάλιν σκοπεῖν εἰ ταὐτόν, ἕως ἂν εἰς ἕνα ἔλθῃ λόγον· οὗτος γὰρ ἔσται τοῦ πράγματος ὁρισμός. ἐὰν δὲ μὴ βαδίζῃ εἰς ἕνα ἀλλ' εἰς δύο ἢ πλείω, δῆλον ὅτι οὐκ ἂν εἴη ἕν τι εἶναι τὸ ζητούμενον ἀλλὰ πλείω. *An. Post.* II. 13, 97$^b$ 7.

⁵ ἔστι δὲ τοῦ μὴ καλῶς (ὡρίσθαι) μέρη δύο, ἓν μὲν τὸ ἀσαφεῖ τῇ ἑρμηνείᾳ κεχρῆσθαι, δεύτερον δ' εἰ ἐπὶ πλεῖον εἴρηκε τὸν λόγον τοῦ δέοντος...εἷς μὲν οὖν τόπος (source) τοῦ ἀσαφῶς εἰ ὁμώνυμόν ἐστί τινι τὸ εἰρημένον (if the term used is equivocal with some other word) οἷον ὅτι ἡ γένεσις ἀγωγὴ εἰς οὐσίαν καὶ ὅτι ἡ ὑγίεια συμμετρία θερμῶν καὶ ψυχρῶν· ὁμώνυμος γὰρ ἡ ἀγωγὴ καὶ ἡ συμμετρία.. ἄλλος εἰ κατὰ μεταφορὰν εἴρηκεν, οἷον εἰ τὴν ἐπιστήμην ἀμετάπτωτον ἢ τὴν γῆν τιθήνην ἢ τὴν σωφροσύνην συμφωνίαν...ἔτι εἰ μὴ κειμένοις (established) ὀνόμασι χρῆται, οἷον Πλάτων ὀφρυόσκιον τὸν ὀφθαλμόν. *Top.* VI. 1, 2, 139$^b$ 11.

⁶ τοῦ δὲ μὴ ἐκ προτέρων τρεῖς εἰσὶ τρόποι, πρῶτος μὲν εἰ διὰ τοῦ ἀντικειμένου τὸ ἀντικείμενον ὥρισται, οἷον διὰ τοῦ κακοῦ τὸ ἀγαθόν· ἅμα γὰρ τῇ φύσει τὰ ἀντικείμενα...ἄλλος εἰ αὐτῷ κέχρηται τῷ ὁριζομένῳ. λανθάνει δ' ὅταν μὴ αὐτῷ τῷ τοῦ ὁριζομένου ὀνόματι χρήσηται, οἷον εἰ τὸν ἥλιον ἄστρον ἡμεροφανὲς ὡρίσατο· ὁ γὰρ ἡμέρᾳ χρώμενος ἡλίῳ χρῆται...πάλιν εἰ τῷ ἀντιδιῃρημένῳ τὸ ἀντιδιῃρημένον ὥρισται, οἷον περιττὸν τὸ μονάδι μεῖζον ἀρτίου...ὁμοίως δὲ καὶ εἰ διὰ τῶν ὑποκάτω τὸ ἐπάνω ὥρισται, οἷον ἄρτιον ἀριθμὸν τὸν δίχα διαιρούμενον ἢ τὸ ἀγαθὸν ἕξιν ἀρετῆς· τό τε γὰρ δίχα ἀπὸ τῶν δύο εἴληπται, ἀρτίων ὄντων, καὶ ἡ ἀρετὴ ἀγαθόν τι ἐστιν, ὥσθ' ὑποκάτω ταῦτα ἐκείνων ἐστίν. *Top.* VI. 4, 142$^a$ 23.

16. Syllogism in the widest sense of the expression is "a mental process in which certain facts being assumed something else differing from these facts results in virtue of them[1]." Such a process of inference and discovery had been attempted by Plato in his account of Definition by Division (Διαίρεσις). But Plato's method of discovering the character of an object by continual

3—2

dichotomy really *assumes* what is to be proved—it does not proceed gradually from the particular to the general by a middle link or less general μέσον—rather it arbitrarily takes one of two classes under which it seeks by successive divisions to bring the particular conception[2]. Syllogism is accordingly regarded by Aristotle himself as being distinctively his own discovery[3]. Such syllogism rests upon the principle that whatever can be predicated of the predicate of a proposition can be predicated also of its subject[4].

[1] συλλογισμὸς δέ ἐστι λόγος ἐν ᾧ τεθέντων τινῶν ἕτερόν τι τῶν κειμένων ἐξ ἀνάγκης συμβαίνει τῷ ταῦτα εἶναι. λέγω δὲ τῷ ταῦτα εἶναι τὸ διὰ ταῦτα συμβαίνειν, τὸ δὲ διὰ ταῦτα συμβαίνειν τὸ μηδενὸς ἔξωθεν ὅρου προσδεῖν πρὸς τὸ γενέσθαι τὸ ἀναγκαῖον. *An. Pr.* I. 1, 24ᵇ 18.

[2] ὅτι δ' ἡ διὰ τῶν γενῶν διαίρεσις μικρόν τι μόριόν ἐστι τῆς εἰρημένης μεθόδου, ῥᾴδιον ἰδεῖν. ἔστι γὰρ ἡ διαίρεσις οἷον ἀσθενὴς συλλογισμός· ὃ μὲν γὰρ δεῖ δεῖξαι αἰτεῖται, συλλογίζεται δ' ἀεί τι τῶν ἄνωθεν...ἐν μὲν οὖν ταῖς ἀποδείξεσιν, ὅταν δέῃ τι συλλογίσασθαι ὑπάρχειν, δεῖ τὸ μέσον, δι' οὗ γίνεται ὁ συλλογισμός, καὶ ἧττον ἀεὶ εἶναι καὶ μὴ καθόλου τοῦ πρώτου τῶν ἄκρων· ἡ δὲ διαίρεσις τοὐναντίον βούλεται· τὸ γὰρ καθόλου λαμβάνει μέσον. Thus, as Aristotle goes on to illustrate, Plato's method with a view to discovering the nature of 'man,' takes animal as the class under which man falls, divides animal into mortal and immortal, decides that man is a mortal animal, again subdivides this into footless and footed, and so settles that man is footed. But, as Aristotle says, it is a mere *assumption* that man is mortal and is footed: ὥστε τὸν ἄνθρωπον ἢ θνητὸν μὲν ἢ ἀθάνατον ἀναγκαῖον εἶναι, ζῷον θνητὸν δὲ οὐκ ἀναγκαῖον, ἀλλ' αἰτεῖται· τοῦτο δ' ἦν ὃ ἔδει συλλογίσασθαι. *Anal. Pr.* I. 31, 46ᵃ 31. Cp. *An. Post.* II. 5, 91ᵇ 35.

[3] καὶ περὶ μὲν τῶν ῥητορικῶν ὑπῆρχε πολλὰ καὶ παλαιὰ τὰ λεγόμενα, περὶ δὲ τοῦ συλλογίζεσθαι παντελῶς οὐδὲν

εἴχομεν πρότερον ἄλλο λέγειν, ἀλλ' ἢ τριβῇ ζητοῦντες πολὺν χρόνον ἐπονοῦμεν. *Soph. El.* 33, 184ᵃ 9.

⁴ ὅταν ἕτερον καθ' ἑτέρου κατηγορῆται ὡς καθ' ὑποκειμένου, ὅσα κατὰ τοῦ κατηγορουμένου λέγεται, πάντα καὶ κατὰ τοῦ ὑποκειμένου ῥηθήσεται. [Thus taking the proposition 'Socrates is a man,' it follows that since 'Mortal' is a predicate of 'man,' it can also be predicated of Socrates. Cp. with Mill's Formula, whatever possesses any attribute (here humanity) possesses that of which it is the attribute (here mortality): and with the shorter formula *Nota notae est nota rei ipsius.*] *Cat.* 3, 1ᵇ 11.

17. Every Syllogism consists of three terms (ὅροι), a major (μεῖζον ἄκρον), a minor (ἔλαττον), and a middle (μέσον) which enables us to compare the two[1]. The different relations of the middle term gives us the three figures (σχήματα) of syllogism. The first is that in which the middle just lies between the two extremes, being less than the major or larger notion and greater than the minor or smaller: the second figure is that in which it lies outside the extremes, being greater than either, and is consequently predicate of both extremes: the third figure is that in which while outside the extremes it is less than either and is consequently subject of both[2]. The second of these figures gives only negative conclusions, the third only particular; the first alone gives universal conclusions, and is therefore called the scientific figure[3].

[1] δῆλον δὲ καὶ ὅτι πᾶσα ἀπόδειξις ἔσται διὰ τριῶν ὅρων καὶ οὐ πλειόνων, ἐὰν μὴ δι' ἄλλων καὶ ἄλλων τὸ αὐτὸ συμπέρασμα γίνηται, οἷον τὸ Ε διά τε τῶν ΑΒ καὶ διὰ τῶν ΓΔ ἢ διὰ τῶν ΑΒ καὶ ΑΓ καὶ ΒΓ· πλείω γὰρ μέσα τῶν αὐτῶν οὐδὲν εἶναι κωλύει. τούτων δ' ὄντων οὐχ εἷς ἀλλὰ πλείους εἰσὶν οἱ συλλογισμοί (*An. Pr.* I. 25, 41ᵇ 36). ὅρον δὲ καλῶ

εἰς ὃν διαλύεται ἡ πρότασις, οἷον τό τε κατηγορούμενον καὶ τὸ καθ᾽ οὗ κατηγορεῖται. *An. Pr.* I. 1, 24ᵇ 16.

² *First Figure.* ὅταν οὖν ὅροι τρεῖς οὕτως ἔχωσι πρὸς ἀλλήλους ὥστε τὸν ἔσχατον (minor term) ἐν ὅλῳ εἶναι τῷ μέσῳ καὶ τὸν μέσον ἐν ὅλῳ τῷ πρώτῳ ἢ εἶναι ἢ μὴ εἶναι, ἀνάγκη τῶν ἄκρων εἶναι συλλογισμὸν τέλειον. καλῶ δὲ μέσον μὲν ὃ καὶ αὐτὸ ἐν ἄλλῳ καὶ ἄλλο ἐν τούτῳ ἐστίν, ὃ καὶ τῇ θέσει γίνεται μέσον· ἄκρα δὲ τὸ αὐτό τε ἐν ἄλλῳ ὂν καὶ ἐν ᾧ ἄλλο ἐστίν. εἰ γὰρ τὸ Α κατὰ παντὸς τοῦ Β καὶ τὸ Β κατὰ παντὸς τοῦ Γ, ἀνάγκη τὸ Α κατὰ παντὸς τοῦ Γ κατηγορεῖσθαι. καλῶ δὲ τὸ τοιοῦτον σχῆμα πρῶτον. *An. Pr.* I. 4, 25ᵇ 32.

*Second Figure.* ὅταν δὲ τὸ αὐτὸ τῷ μὲν παντὶ τῷ δὲ μηδενὶ ὑπάρχῃ, ἢ ἑκατέρῳ παντὶ ἢ μηδενί, τὸ μὲν σχῆμα τὸ τοιοῦτον καλῶ δεύτερον, μέσον δὲ ἐν αὐτῷ λέγω τὸ κατηγορούμενον ἀμφοῖν (the middle term is predicate of both premisses). τίθεται δὲ τὸ μέσον ἔξω μὲν τῶν ἄκρων, πρῶτον δὲ τῇ θέσει. [The middle term stands first because it occupies the highest place in extension among the three terms employed in the syllogism, and similarly it is 'outside' the extremes because it expresses a notion wider than either the major or minor term. Thus in arguing—Modesty is a virtue: Bashfulness is not a virtue: Bashfulness is not Modesty: it is evident that virtue is the 'first' and highest notion of the three and goes *beyond* both Modesty and Bashfulness.] *An. Pr.* I. 5, 26ᵇ 34.

*Third Figure.* ἐὰν δὲ τῷ αὐτῷ τὸ μὲν παντὶ τὸ δὲ μηδενὶ ὑπάρχῃ, ἢ ἄμφω παντὶ ἢ μηδενί, τὸ μὲν σχῆμα τὸ τοιοῦτον καλῶ τρίτον, μέσον δ᾽ ἐν αὐτῷ λέγω καθ᾽ οὗ ἄμφω τὰ κατηγορούμενα, ἄκρα δὲ τὰ κατηγορούμενα, μεῖζον δ᾽ ἄκρον τὸ ποῤῥώτερον τοῦ μέσου, ἔλαττον δὲ τὸ ἐγγύτερον. τίθεται δὲ τὸ μέσον ἔξω μὲν τῶν ἄκρων, ἔσχατον δὲ τῇ θέσει. [The middle term is 'last' in position because it is the narrowest in extension of the three notions. Thus in reasoning —Mercury is not solid, Mercury is a Metal : Some metals are not Solids—Mercury is evidently smaller than 'Metals' and 'Solids,' and so last in position and outside or after the extremes.]

More briefly Aristotle says: τῇ τοῦ μέσου θέσει γνωριοῦ-

## LOGIC. 39

μεν τὸ σχῆμα...ἀνάγκη γὰρ τὸ μέσον ἐν ἀμφοτέραις (προ-
τάσεσιν) ὑπάρχειν ἐν ἅπασι τοῖς σχήμασιν. ἐὰν μὲν οὖν
κατηγορῇ καὶ κατηγορῆται τὸ μέσον, ἢ αὐτὸ μὲν κατηγορῇ
ἄλλο δ' ἐκείνου ἀπαρνῆται, τὸ πρῶτον ἔσται σχῆμα. ἐὰν δὲ
καὶ κατηγορῇ καὶ ἀπαρνῆται ἀπό τινος, τὸ μέσον (*i.e.* 2nd
Figure)· ἐὰν δ' ἄλλα ἐκείνου κατηγορῆται, ἢ τὸ μὲν ἀπαρνῆ-
ται τὸ δὲ κατηγορῆται, τὸ ἔσχατον. *An. Pr.* I. 32, 47ᵃ 39.
³ τὸ μὲν οὖν καταφατικὸν τὸ καθόλου διὰ τοῦ πρώτου
σχήματος δείκνυται μόνου, καὶ διὰ τούτου μοναχῶς. *Anal.
Pr.* I. 26, 42ᵇ 33.
οὐ γίνεται καταφατικὸς συλλογισμὸς διὰ τούτου τοῦ σχή-
ματος (the second), ἀλλὰ πάντες στερητικοί, καὶ οἱ καθόλου
καὶ οἱ κατὰ μέρος. *An. Pr.* I. 5, 28ᵃ 8.
συλλογίσασθαι τὸ καθόλου διὰ τούτου τοῦ σχήματος (*i.e.*
the third figure) οὐκ ἔσται, οὔτε στερητικὸν οὔτε καταφατικόν.
*An. Pr.* I. 6, 29ᵃ 16.

18. The first figure as corresponding more than
other figures with the natural order of phenomena, be-
cause its middle term really lies *between* the two extremes,
is regarded by Aristotle as the typical form of syllogistic
reasoning, and as therefore preeminently cogent and
conclusive. It is therefore perfect (τέλειος): the other
figures give imperfect syllogisms (ἀτελεῖς), in which the
conclusion does not follow thus necessarily from the
premisses[1]. Hence Aristotle requires to prove the validity
of the reasoning in the second and third figures, and he
does so by shewing that tenable arguments in these
figures can be represented as reasonings in the first figure
and so be proved conclusive (περαίνονται, τελειοῦνται)[2].
Reduction, by which syllogisms of the latter figures are
thus confirmed and shewn valid, may be effected in two
ways—first, *Ostensively* (δεικτικῶς), *i.e.* by so applying
conversion as to bring a mood of a later figure into the
form of the first, or, *per Impossibile* (διὰ τοῦ ἀδυνάτου), by

# 40 LOGIC.

assuming the falsity of the conclusion and finding that the assumption leads to a result incompatible with the premisses[3].

The chief rules of syllogism enunciated by Aristotle are (1) one premiss must be affirmative, (2) one premiss must be universal, (3) terms taken universally in the conclusion must have been previously distributed in the premisses[4].

[1] τέλειον μὲν οὖν καλῶ συλλογισμὸν τὸν μηδενὸς ἄλλου προσδεόμενον παρὰ τὰ εἰλημμένα πρὸς τὸ φανῆναι τὸ ἀναγκαῖον (which needs nothing beyond the facts stated in the premisses to bring out the conclusiveness of the result), ἀτελῆ δὲ τὸν προσδεόμενον ἢ ἑνὸς ἢ πλειόνων, ἃ ἔστι μὲν ἀναγκαῖα διὰ τῶν ὑποκειμένων ὅρων, οὐ μὴν εἴληπται διὰ προτάσεων. *An. Pr.* I. 1, 24$^b$ 22.

[2] δῆλον δὲ καὶ ὅτι πάντες οἱ ἐν αὐτῷ (the first figure), συλλογισμοὶ τέλειοί εἰσι· πάντες γὰρ ἐπιτελοῦνται διὰ τῶν ἐξ ἀρχῆς ληφθέντων (*Anal. Pr.* I. 4, 26$^b$ 30). τέλειος μὲν οὖν οὐκ ἔσται συλλογισμὸς οὐδαμῶς ἐν τούτῳ τῷ σχήματι (*i.e.* the second). *An. Pr.* I. 5, 27$^a$ 1.

[3] φανερὸν δὲ καὶ ὅτι πάντες οἱ ἀτελεῖς συλλογισμοὶ τελειοῦνται διὰ τοῦ πρώτου σχήματος. ἢ γὰρ δεικτικῶς ἢ διὰ τοῦ ἀδυνάτου περαίνονται πάντες· ἀμφοτέρως δὲ γίνεται τὸ πρῶτον σχῆμα, δεικτικῶς μὲν τελειουμένων, ὅτι διὰ τῆς ἀντιστροφῆς ἐπεραίνοντο πάντες, ἡ δ' ἀντιστροφὴ τὸ πρῶτον ἐποίει σχῆμα, διὰ δὲ τοῦ ἀδυνάτου δεικνυμένων, ὅτι τεθέντος τοῦ ψεύδους (after assuming the falsity of the original conclusion and taking its contradictory as true to be the premiss of a new syllogism) ὁ συλλογισμὸς γίνεται διὰ τοῦ πρώτου σχήματος· οἷον ἐν τῷ τελευταίῳ, εἰ τὸ Α καὶ τὸ Β παντὶ τῷ Γ ὑπάρχει, ὅτι τὸ Α τινὶ τῷ Β ὑπάρχει· εἰ γὰρ μηδενὶ, τὸ δὲ Β παντὶ τῷ Γ, οὐδενὶ τῷ Γ τὸ Α· ἀλλ' ἦν παντί· (*i.e.* in the original premisses). ὁμοίως δὲ καὶ ἐπὶ τῶν ἄλλων. *An. Pr.* I. 7, 29$^a$ 30. The example is
All C is A
All C is B,
∴ Some B is A.

## LOGIC. 41

For if not, suppose it false; then its contradictory must be true, *i.e.*
No B is A—But we had before
All C is B,
∴ No C is A—the contrary of our original major.

πάντες γὰρ οἱ διὰ τοῦ ἀδυνάτου περαίνοντες τὸ μὲν ψεῦδος συλλογίζονται (reason out a conclusion which is false) τὸ δ' ἐξ ἀρχῆς ἐξ ὑποθέσεως δεικνύουσιν, ὅταν ἀδύνατόν τι συμβαίνῃ τῆς ἀντιφάσεως τεθείσης, οἷον ὅτι ἀσύμμετρος ἡ διάμετρος διὰ τὸ γίνεσθαι τὰ περιττὰ ἴσα τοῖς ἀρτίοις συμμέτρου τεθείσης. *An. Pr.* I. 23, 41[a]27.
διαφέρει δ' ἡ εἰς τὸ ἀδύνατον ἀπόδειξις τῆς δεικτικῆς τῷ τιθέναι ὃ βούλεται ἀναιρεῖν (*i.e.* the falsity of the conclusion), ἀπάγουσα εἰς ὁμολογούμενον ψεῦδος· ἡ δὲ δεικτικὴ ἄρχεται ἐξ ὁμολογουμένων θέσεων. *An. Pr.* II. 14, 62[b]29.

[4] ἐν ἅπαντι (συλλογισμῷ) δεῖ κατηγορικόν τινα τῶν ὅρων εἶναι καὶ τὸ καθόλου ὑπάρχειν· ἄνευ γὰρ τοῦ καθόλου ἢ οὐκ ἔσται συλλογισμὸς ἢ οὐ πρὸς τὸ κείμενον, ἢ τὸ ἐξ ἀρχῆς αἰτήσεται....ἐὰν μὲν ᾖ τὸ συμπέρασμα καθόλου, καὶ τοὺς ὅρους ἀνάγκη καθόλου εἶναι, ἐὰν δ' οἱ ὅροι καθόλου, ἐνδέχεται τὸ συμπέρασμα μὴ εἶναι καθόλου. *An. Pr.* I. 24, 41[b]6.

19. Aristotle's Hypothetical Syllogism (συλλογισμὸς ἐξ ὑποθέσεως) is scarcely identical with the reasoning now so called, but is an argument in which something being allowed to follow *if* something else is proved, a syllogism is adduced to prove this condition and thereby by agreement to establish the main position (τὸ ἐξ ἀρχῆς)[1]. The principle of hypothetical reasoning is distinctly enunciated by Aristotle as follows: If two terms stand to one another in such a relation that when the former is true the latter necessarily is so, it follows that if the latter is not, the former will not be either; but the existence of the latter does not involve the existence of the former[2].

[1] φανερὸν ὅτι οἱ διὰ τοῦ ἀδυνάτου συλλογισμοὶ διὰ τούτων ἔσονται τῶν σχημάτων. ὡσαύτως δὲ καὶ οἱ ἄλλοι

## 42　LOGIC.

πάντες οἱ ἐξ ὑποθέσεως. ἐν ἅπασι γὰρ ὁ μὲν συλλογισμὸς γίνεται πρὸς τὸ μεταλαμβανόμενον (the syllogism is framed to prove the condition as a categorical statement) τὸ δ᾽ ἐξ ἀρχῆς περαίνεται δι᾽ ὁμολογίας ἤ τινος ἄλλης ὑποθέσεως. εἰ δὲ τοῦτ᾽ ἀληθές, πᾶσαν ἀπόδειξιν καὶ πάντα συλλογισμὸν ἀνάγκη γίνεσθαι διὰ τριῶν τῶν προειρημένων σχημάτων. τούτου δὲ δειχθέντος δῆλον ὡς ἅπας τε συλλογισμὸς ἐπιτελεῖται διὰ τοῦ πρώτου σχήματος καὶ ἀνάγεται (is reduced) εἰς τοὺς ἐν τούτῳ καθόλου συλλογισμούς. *An. Pr.* I. 23, 41ᵃ 36.
The hypothetical syllogism may best be understood by taking a concrete illustration of it. A ὁμολογία is made that *if* man can be proved a spiritual being, it will follow that the will is free. A syllogism is then framed to prove the antecedent, and we get
Every being whose actions are inexplicable by merely material agencies is spiritual.
Man is a being inexplicable by material agencies.
Therefore man is a spiritual being: this conclusion being what Aristotle calls the μεταλαμβανόμενον or categorical form of the assumption: and in virtue of the agreement, it follows that the main question (τὸ ἐξ ἀρχῆς)—viz. The will is free—is established.

² ἐξ ἀληθῶν μὲν οὖν οὐκ ἔστι ψεῦδος συλλογίσασθαι, ἐκ ψευδῶν δ᾽ ἔστιν ἀληθές, πλὴν οὐ διότι ἀλλ᾽ ὅτι [the conclusion, *i.e.*, is true simply as matter of fact but not in virtue of the premisses] (*An. Pr.* I. 2, 53ᵇ 7) φανερὸν οὖν ὅτι ἂν μὲν ᾖ τὸ συμπέρασμα ψεῦδος, ἀνάγκη, ἐξ ὧν ὁ λόγος ψευδῆ εἶναι ἢ πάντα ἢ ἔνια, ὅταν δ᾽ ἀληθές οὐκ ἀνάγκη ἀληθὲς εἶναι οὔτε τι οὔτε πάντα. αἴτιον δ᾽ ὅτι ὅταν δύο ἔχῃ οὕτω πρὸς ἄλληλα ὥστε θατέρου ὄντος ἐξ ἀνάγκης εἶναι θάτερον, τούτου μὴ ὄντος μὲν οὐδὲ θάτερον ἔσται, ὄντος δ᾽ οὐκ ἀνάγκη εἶναι θάτερον. *An. Pr.* II. 4, 57ᵃ 36.

20. Syllogism is not only Deductive, reasoning from whole to part; it is also Inductive, reasoning from part to whole, and enabling us to detect the universal and essential in the particular. Such Induction (ἐπαγωγή) is the method of proceeding from particular

instances to general uniformities, of finding the law amid phenomena[1]; it is, when formally analyzed, the process by which we prove the major or wider conception to be a predicate of the middle or intermediate by means of the minor term or particular instances. This minor term itself must be conceived of as consisting of all the instances[2]. No particular kinds of Induction are formulated by Aristotle, but he has noticed incidentally the *principle* of most of the "Experimental methods" and in particular that of the method of concomitant variations[3].

[1] καὶ συλλογισμὸς μὲν τί ἐστιν, εἴρηται πρότερον· ἐπαγωγὴ δὲ ἡ ἀπὸ τῶν καθ' ἕκαστον ἐπὶ τὰ καθόλου ἔφοδος, οἷον εἰ ἔστι κυβερνήτης ὁ ἐπιστάμενος κράτιστος καὶ ἡνίοχος, καὶ ὅλως ἐστὶν ὁ ἐπιστάμενος περὶ ἕκαστον ἄριστος (*Top.* I. 12, 105ᵃ 12). ἡ δὲ τοῦ ὁμοίου θεωρία χρήσιμος πρός τε τοὺς ἐπακτικοὺς λόγους...διότι τῇ καθ' ἕκαστα ἐπὶ τῶν ὁμοίων ἐπαγωγῇ τὸ καθόλου ἀξιοῦμεν ἐπάγειν· οὐ γὰρ ῥᾴδιόν ἐστιν ἐπάγειν μὴ εἰδότας τὰ ὅμοια. *Top.* I. 18, 108ᵇ 7.

[2] ἐπαγωγὴ μὲν οὖν ἐστι καὶ ὁ ἐξ ἐπαγωγῆς συλλογισμὸς τὸ διὰ τοῦ ἑτέρου θάτερον ἄκρον τῷ μέσῳ συλλογίσασθαι, οἷον εἰ τῶν ΑΓ μέσον τὸ Β, διὰ τοῦ Γ δεῖξαι τὸ Α τῷ Β ὑπάρχον· οὕτω γὰρ ποιούμεθα τὰς ἐπαγωγάς. οἷον ἔστω τὸ Α μακρόβιον, τὸ δ' ἐφ' ᾧ Β τὸ χολὴν μὴ ἔχον, ἐφ' ᾧ δὲ Γ τὸ καθ' ἕκαστον μακρόβιον, οἷον ἄνθρωπος καὶ ἵππος καὶ ἡμίονος. τῷ δὴ Γ ὅλῳ ὑπάρχει τὸ Α· (πᾶν γὰρ τὸ ἄχολον μακρόβιον)· ἀλλὰ καὶ τὸ Β, τὸ μὴ ἔχειν χολήν, παντὶ ὑπάρχει τῷ Γ. εἰ οὖν ἀντιστρέφει τὸ Γ τῷ Β καὶ μὴ ὑπερτείνει τὸ μέσον, ἀνάγκη τὸ Α τῷ Β ὑπάρχειν. δέδεικται γὰρ πρότερον ὅτι ἂν δύο ἄττα τῷ αὐτῷ ὑπάρχῃ καὶ πρὸς θάτερον αὐτῶν ἀντιστρέφῃ τὸ ἄκρον, ὅτι τῷ ἀντιστρέφοντι καὶ θάτερον ὑπάρξει τῶν κατηγορουμένων. δεῖ δὲ νοεῖν τὸ Γ τὸ ἐξ ἁπάντων τῶν καθ' ἕκαστον συγκείμενον· ἡ γὰρ ἐπαγωγὴ διὰ πάντων. ἔστι δ' ὁ τοιοῦτος συλλογισμὸς τῆς πρώτης καὶ ἀμέσου προτάσεως· (*i.e.* induction rests upon some immediate perception) ὧν μὲν γὰρ ἔστι μέσον διὰ τοῦ μέσου ὁ συλλογισμός, ὧν δὲ μή ἐστι, δι' ἐπαγωγῆς. *An. Pr.* II. 23, 68ᵇ 15.

Induction then proves the major of the middle by means of the minor: proves, e.g., that longevity (major term) is an attribute of absence of gall (middle) by means of particular gall-less animals which are long-lived. Formally then Induction is a syllogism in the third figure, according to which we argue

All C is A : All C is B : ∴ All B is A. A syllogism thus stated is of course logically invalid: its cogency depends on the fact that not only all C is B but also all B is C. Induction then is to Aristotle an application of the Substitution of Similars, and depends on the convertibility of terms with one another. "For," he writes above, "it has been shewn before, viz. in the preceding chapter, that if two attributes (A and B) attach to the same third term (C), and the minor (τὸ ἄκρον) (C) is convertible with one of them (B), it follows that the other attribute (A) will also attach to the term thus convertible (B)." Thus, to take again Aristotle's Illustration, let A = longevity, B = absence of gall, C = particular long-lived animals. The reasoning we have seen is—

All C is A (man, horse, mule, &c. are long-lived).

All C is B (man, horse, mule, &c. are gall-less).

Now here the two attributes A and B attach to the same third term C. But further, the minor C is convertible with one of these terms, viz. B, *i.e.* every gall-less animal is also one or other of the long-lived animals: it follows therefore that A will be a predicate of B, *i.e.* every gall-less animal will be also long-lived.

[3] εἰ μὲν γὰρ ἀκολουθεῖ τῇ τοῦ ὑποκειμένου ἐπιδόσει ἡ τοῦ συμβεβηκότος ἐπίδοσις, δῆλον ὅτι συμβέβηκεν (*i.e.* it is evidently a causal consequence)· εἰ δὲ μὴ ἀκολουθεῖ, οὐ συμβέβηκεν. *Top.* II. 10, 115ᵃ 3.

21. Enthymeme (ἐνθύμημα) and Example (παράδειγμα) are the rhetorical forms of syllogism and induction[1]. Enthymeme is a syllogism of which the premisses are maxims generally true (εἰκότα), or facts which indicate the existence of some other fact (σημεῖα): and which

as generally understood would be left unstated[2]. Example is the process in which "the major term is proved to belong to the middle term by a term *like* the minor term"—it is in short, reasoning from "particular to particular" (ὡς μέρος πρὸς μέρος)[3], but Aristotle sees that such reasoning is only possible in so far as we universalize the peculiar instance, and he therefore treats it as the appendage of a syllogism.

[1] καλῶ δ' ἐνθύμημα μὲν ῥητορικὸν συλλογισμόν, παράδειγμα δὲ ἐπαγωγὴν ῥητορικήν. *Rhet.* I. 2, 1356ᵇ 4.

[2] εἰκὸς δὲ καὶ σημεῖον οὐ ταὐτόν ἐστιν, ἀλλὰ τὸ μὲν εἰκός ἐστι πρότασις ἔνδοξος. ὃ γὰρ ὡς ἐπὶ τὸ πολὺ ἴσασιν οὕτω γινόμενον ἢ ὂν ἢ μὴ ὄν, τοῦτ' ἐστιν εἰκός, οἷον τὸ μισεῖν τοὺς φθονοῦντας ἢ τὸ φιλεῖν τοὺς ἐρωμένους. σημεῖον δὲ βούλεται εἶναι πρότασις ἀποδεικτικὴ ἀναγκαία ἢ ἔνδοξος· οὗ γὰρ ὄντος ἔστιν ἢ οὗ γενομένου πρότερον ἢ ὕστερον γέγονε τὸ πρᾶγμα, τοῦτο σημεῖόν ἐστι τοῦ γεγονέναι ἢ εἶναι. ἐνθύμημα μὲν οὖν ἐστι συλλογισμὸς ἐξ εἰκότων ἢ σημείων, λαμβάνεται δὲ τὸ σημεῖον τριχῶς, ὁσαχῶς καὶ τὸ μέσον ἐν τοῖς σχήμασιν...οἷον τὸ μὲν δεῖξαι κύουσαν διὰ τὸ γάλα ἔχειν ἐκ τοῦ πρώτου σχήματος· μέσον γὰρ τὸ γάλα ἔχειν. *Anal. Pr.* II. 27, 70ᵃ 2.

[3] παράδειγμα δ' ἐστὶν ὅταν τῷ μέσῳ τὸ ἄκρον ὑπάρχον δειχθῇ διὰ τοῦ ὁμοίου τῷ τρίτῳ. [To take Aristotle's instance, we reason that because the war between Thebes and Phocis was a war between neighbours and an evil, therefore the war between Athens and Thebes, being also a war between neighbours, will in all probability be also an evil. Thus out of the one parallel case—the war between Thebes and Phocis—we form the *general* proposition—All wars between neighbours are evils—to this we add the minor—The war between Athens and Thebes is a war between neighbours—and thence arrive at the conclusion that the war between Athens and Thebes will be likewise an evil.] φανερὸν οὖν ὅτι τὸ παράδειγμά ἐστιν οὔτε ὡς μέρος πρὸς ὅλον (induction) οὔτε ὡς ὅλον πρὸς

μέρος (deduction) ἀλλ' ὡς μέρος πρὸς μέρος, ὅταν ἄμφω μὲν ᾖ ὑπὸ ταὐτό, γνώριμον δὲ θάτερον. καὶ διαφέρει τῆς ἐπαγωγῆς, ὅτι ἡ μὲν ἐξ ἁπάντων τῶν ἀτόμων τὸ ἄκρον ἐδείκνυεν ὑπάρχειν τῷ μέσῳ καὶ πρὸς τὸ ἄκρον οὐ συνῆπτε τὸν συλλογισμόν, τὸ δὲ καὶ συνάπτει [that is, out of the particular instance it forms a general proposition to which as major premiss it applies the new instance] καὶ οὐκ ἐξ ἁπάντων δείκνυσιν. *Anal. Pr.* II. 24, 68ᵇ 38.

22. Syllogism and Induction correspond to the two great aspects of existence or ways in which things are known. Things may be looked at either in themselves —as they present themselves, so to speak, to the creative mind—or as they present themselves to us; thus in mathematics it is the point which stands absolutely first (φύσει πρότερον), the superficies or solid figure which is first relatively to us (πρὸς ἡμᾶς πρότερον)¹. Syllogism corresponds with the first of these aspects of the objects of knowledge—it starts with the law or cause, and reasons forward to the application or effect: Induction begins with facts of personal experience and reasons backward to the cause or principle². But knowledge, properly so called, lies in explaining things by reference to what is absolutely prior, and in seeing that their causes lead necessarily to particular effects³.

¹ πρότερα δ' ἐστὶ καὶ γνωριμώτερα διχῶς· οὐ γὰρ ταὐτὸν πρότερον τῇ φύσει καὶ πρὸς ἡμᾶς πρότερον, οὐδὲ γνωριμώτερον καὶ ἡμῖν γνωριμώτερον. λέγω δὲ πρὸς ἡμᾶς μὲν πρότερα καὶ γνωριμώτερα τὰ ἐγγύτερον τῆς αἰσθήσεως, ἁπλῶς δὲ πρότερα καὶ γνωριμώτερα τὰ πορρώτερον. ἔστι δὲ πορρωτάτω μὲν τὰ καθόλου μάλιστα, ἐγγυτάτω δὲ τὰ καθ' ἕκαστα. (*Anal. Post.* I. 2, 71ᵇ 33.) ἁπλῶς μὲν οὖν γνωριμώτερον τὸ πρότερον τοῦ ὑστέρου, οἷον στιγμὴ γραμμῆς καὶ γραμμὴ ἐπιπέδου ...ἡμῖν δ' ἀνάπαλιν ἐνίοτε συμβαίνει· μάλιστα γὰρ τὸ στερεὸν

## LOGIC. 47

ὑπὸ τὴν αἴσθησιν πίπτει, τὸ δ' ἐπίπεδον μᾶλλον τῆς γραμμῆς, γραμμὴ δὲ σημείου μᾶλλον. *Top.* VI. 4, 141ᵇ 6.

² τρόπον τινὰ ἀντίκειται ἡ ἐπαγωγὴ τῷ συλλογίσμῳ. ὁ μὲν γὰρ διὰ τοῦ μέσου τὸ ἄκρον τῷ τρίτῳ δείκνυσιν, ἡ δὲ διὰ τοῦ τρίτου τὸ ἄκρον τῷ μέσῳ. φύσει μὲν οὖν πρότερος καὶ γνωριμώτερος ὁ διὰ τοῦ μέσου συλλογισμός, ἡμῖν δ' ἐναργέστερος ὁ διὰ τῆς ἐπαγωγῆς. *Anal. Pr.* II. 23, 68ᵇ 32.

³ ἁπλῶς μὲν οὖν βέλτιον τὸ διὰ τῶν προτέρων τὰ ὕστερα πειρᾶσθαι γνωρίζειν· ἐπιστημονικώτερον γὰρ τὸ τοιοῦτόν ἐστιν (*Top.* VI. 4, 141ᵇ 15). ἐπίστασθαι δὲ οἰόμεθ' ἕκαστον ἁπλῶς, ἀλλὰ μὴ τὸν σοφιστικὸν τρόπον τὸν κατὰ συμβεβηκός, ὅταν τήν τ' αἰτίαν οἰώμεθα γινώσκειν δι' ἣν τὸ πρᾶγμά ἐστιν, ὅτι ἐκείνου αἰτία ἐστί, καὶ μὴ ἐνδέχεσθαι τοῦτ' ἄλλως ἔχειν. *An. Post.* I. 2, 71ᵇ 9.

23. Logical Proof, or ἀπόδειξις, is reached only when things are regarded from the standpoint of what is thus absolutely first—for induction indicates a law but does not prove it[1]—and the distinction between Apodeictic and Dialectic just lies in the fact that whereas Apodeictic takes us back to what is primarily and necessarily true, Dialectic merely lands us in probabilities and leaves us to choose between possible alternatives[2]. True logical proof accordingly postulates the existence of universals. Ideas in Plato's sense as supra-sensible entities may not exist, but general predicables are necessary for demonstration: the individual in fact cannot as such be the subject of demonstration[3]. This universal or καθόλου, however, is not merely what is common or generally applicable (κοινὸν or κατὰ πάντος): it is also the essential attribute which holds good of the most rudimentary form in which the generic conception shews itself[4]. So conceived the universal is equivalent to the cause, and this in turn becomes the middle term of a syllogism. Genuine logical proof then lies in tracing out by syllogistic reason-

ing the essential attributes attaching to some thing or notion [5].

[1] μανθάνομεν ἢ ἐπαγωγῇ ἢ ἀποδείξει. ἔστι δ' ἡ μὲν ἀπόδειξις ἐκ τῶν καθόλου, ἡ δ' ἐπαγωγὴ ἐκ τῶν κατὰ μέρος. ἀδύνατον δὲ τὰ καθόλου θεωρῆσαι μὴ δι' ἐπαγωγῆς (*An. Post.* I. 13, 81ᵃ 38) οὐδὲ γὰρ ὁ ἐπάγων ἴσως ἀποδείκνυσιν, ἀλλ' ὅμως δηλοῖ τι (*An. Post.* II. 5, 91ᵇ 33). ἀπόδειξιν δὲ λέγω συλλογισμὸν ἐπιστημονικόν. εἰ τοίνυν ἐστὶ τὸ ἐπίστασθαι οἷον ἔθεμεν (*i. e.* if it involve a knowledge through causes as necessarily producing certain effects) ἀνάγκη καὶ τὴν ἀποδεικτικὴν ἐπιστήμην ἐξ ἀληθῶν τ' εἶναι καὶ πρώτων καὶ ἀμέσων καὶ γνωριμωτέρων καὶ προτέρων καὶ αἰτίων τοῦ συμπεράσματος. *An. Post.* I. 2, 71ᵇ 18.

[2] ἀρχὴ δ' ἐστὶν ἀποδείξεως πρότασις ἄμεσος, ἄμεσος δὲ ἧς μή ἐστιν ἄλλη προτέρα. πρότασις δ' ἐστὶν ἀποφάνσεως τὸ ἕτερον μόριον, ἓν καθ' ἑνός, διαλεκτικὴ μὲν ἡ ὁμοίως λαμβάνουσα ὁποτερονοῦν, ἀποδεικτικὴ δὲ ἡ ὡρισμένως θάτερον, ὅτι ἀληθές. ἀπόφανσις δὲ ἀντιφάσεως ὁποτερονοῦν μόριον (*An. Post.* I. 2, 72ᵃ 8). [Cp. *An. Pr.* I. 1, 24ᵃ 32, where the apodeictic proposition is said to be the definite assertion of one side of a disjunctive proposition (λῆψις θατέρου μορίου τῆς ἀντιφάσεως), whereas the dialectical is the interrogation of a disjunctive proposition.] ἀπόδειξις μὲν οὖν ἐστιν ὅταν ἐξ ἀληθῶν καὶ πρώτων ὁ συλλογισμὸς ᾖ, ἢ ἐκ τοιούτων ἃ διά τινων πρώτων καὶ ἀληθῶν τῆς περὶ αὐτὰ γνώσεως τὴν ἀρχὴν εἴληφεν· διαλεκτικὸς δὲ συλλογισμὸς ὁ ἐξ ἐνδόξων συλλογιζόμενος. *Top.* I. 1, 100ᵃ 27.

[3] εἴδη μὲν οὖν εἶναι ἢ ἕν τι παρὰ τὰ πολλὰ οὐκ ἀνάγκη, εἰ ἀπόδειξις ἔσται, εἶναι μέντοι ἓν κατὰ πολλῶν ἀληθὲς εἰπεῖν ἀνάγκη· οὐ γὰρ ἔσται τὸ καθόλου ἂν μὴ τοῦτο ᾖ· ἐὰν δὲ τὸ καθόλου μὴ ᾖ, τὸ μέσον οὐκ ἔσται, ὥστ' οὐδ' ἀπόδειξις. *An. Post.* I. 11, 77ᵃ 5. Cp. *Meta.* Z, 15, 1039ᵇ 27, and *B.* 4, 999ᵃ 26.

[4] καθόλου δὲ λέγω ὃ ἂν κατὰ παντός τε ὑπάρχῃ καὶ καθ' αὐτὸ καὶ ᾗ αὐτό. φανερὸν ἄρα ὅτι ὅσα καθόλου, ἐξ ἀνάγκης ὑπάρχει τοῖς πράγμασιν. τὸ καθ' αὑτὸ δὲ καὶ ᾗ αὐτὸ ταὐτόν· οἷον καθ' αὑτὴν τῇ γραμμῇ ὑπάρχει στιγμὴ καὶ τὸ εὐθύ· καὶ

γὰρ ᾖ γραμμή. τὸ καθόλου δὲ ὑπάρχει τότε, ὅταν ἐπὶ τοῦ τυχόντος καὶ πρώτου δεικνύηται. Thus, as Aristotle illustrates, the having of its angles equal to two right angles is an universal attribute of the triangle, because it does not apply to any figure *before* we come to the triangle and so applies to it first (ἐπὶ πρώτου), and further it is an attribute which holds good of *any* triangle whatever (ἐπὶ τοῦ τυχόντος). *Anal. Post.* I. 4, 73ᵇ26.
⁵ ᾖ ἄρα καθόλου, μᾶλλον ἐπιστητὰ ἢ ᾖ κατὰ μέρος. ἀποδεικτὰ ἄρα μᾶλλον τὰ καθόλου...μάλιστα δὲ δῆλον ὅτι ἡ καθόλου κυριωτέρα, ὅτι τῶν προτάσεων τὴν μὲν προτέραν ἔχοντες ἴσμεν πως καὶ τὴν ὑστέραν καὶ ἔχομεν δυνάμει...καὶ ἡ μὲν καθόλου νοητή, ἡ δὲ κατὰ μέρος εἰς αἴσθησιν τελευτᾷ (*Anal. Post.* I. 24, 86ᵃ7). τὸ δὲ καθόλου τίμιον ὅτι δηλοῖ τὸ αἴτιον (88ᵃ5). ἔτι εἰ ἡ ἀπόδειξις μέν ἐστι συλλογισμὸς δεικτικὸς αἰτίας καὶ τοῦ διὰ τί, τὸ καθόλου δ' αἰτιώτερον· ᾧ γὰρ καθ' αὑτὸ ὑπάρχει τι, τοῦτο αὐτὸ αὑτῷ αἴτιον· τὸ δὲ καθόλου πρῶτον· αἴτιον ἄρα τὸ καθόλου. ὥστε καὶ ἡ ἀπόδειξις βελτίων· μᾶλλον γὰρ τοῦ αἰτίου καὶ τοῦ διὰ τί ἐστιν (85ᵇ23). ἡ μὲν γὰρ ἀπόδειξίς ἐστι τῶν ὅσα ὑπάρχει καθ' αὑτὰ τοῖς πράγμασι (84ᵃ11).

24. Knowledge therefore to be truly scientific (ἐπιστήμη) must involve an insight into the causes of phenomena: and give, as distinguished from mere opinion, absolutely certain and necessary results[1]. Scientific thus differs from empirical knowledge (ἐμπειρία) as a knowledge of things as universal and in relation to their causes differs from a knowledge of particular and unexplained facts[2]. Science is thus opposed to sense-perception: for, although sense-perception generally (αἴσθησις) deals with an object as determined by qualities and so universalized (τοιόνδε), it is in its actual exercise (αἰσθάνεσθαι) limited to particular impressions which are 'now' and 'here'[3]. So far then as the cause is represented by the universalizing middle term, the questions of

science resolve themselves into a search for middle terms. Thus the question, Does a thing exist (εἰ ἔστι)? and the question, Does a fact take place in such and such a manner (τὸ ὅτι)? represent the inquiry, Is there or is there not a middle term? The question, What is the reason of the fact (τὸ διότι)? and the question, What is its essential nature (τί ἐστιν)? constitute a search after the middle term[4]. Scientific Genius then just lies in a readiness at finding out the middle term which will at once supply the causal link and bring the fact to be explained into connection with cognate phenomena[5]. And for this purpose the first figure of syllogism as developing at once the ground and the essential character of a phenomenon is preeminently useful[6].

[1] τὸ δ' ἐπιστητὸν καὶ ἐπιστήμη διαφέρει τοῦ δοξαστοῦ καὶ δόξης, ὅτι ἡ μὲν ἐπιστήμη καθόλου καὶ δι' ἀναγκαίων, τὸ δ' ἀναγκαῖον οὐκ ἐνδέχεται ἄλλως ἔχειν (as the object of δόξα can). *An. Post.* I. 33, 88ᵇ30.

[2] τὸ δ' ὅτι διαφέρει καὶ τὸ διότι ἐπίστασθαι (*An. Post.* I. 13, 78ᵃ22). οἱ μὲν γὰρ ἔμπειροι τὸ ὅτι μὲν ἴσασι, διότι δ' οὐκ ἴσασιν (*Meta.* A. I. 981ᵃ29). ὅτι μὲν γὰρ τὰ ἕλκη τὰ περιφερῆ βραδύτερον ὑγιάζεται, τοῦ ἰατροῦ εἰδέναι, διότι δὲ τοῦ γεωμέτρου. *An. Post.* I. 13, 79ᵃ15.

[3] τοῦ δ' ἀπὸ τύχης οὐκ ἔστιν ἐπιστήμη δι' ἀποδείξεως. οὔτε γὰρ ὡς ἀναγκαῖον οὔθ' ὡς ἐπὶ τὸ πολὺ τὸ ἀπὸ τύχης ἐστίν, ἀλλὰ τὸ παρὰ ταῦτα γινόμενον....οὐδὲ δι' αἰσθήσεως ἔστιν ἐπίστασθαι. εἰ γὰρ καὶ ἔστιν ἡ αἴσθησις τοῦ τοιοῦδε καὶ μὴ τοῦδέ τινος, ἀλλ' αἰσθάνεσθαί γε ἀναγκαῖον τόδε τι καὶ ποῦ καὶ νῦν. τὸ δὲ καθόλου καὶ ἐπὶ πᾶσιν ἀδύνατον αἰσθάνεσθαι (*An. Post.* I. 31, 87ᵇ19). ἔτι δὲ τῶν αἰσθήσεων οὐδεμίαν ἡγούμεθα εἶναι σοφίαν· καίτοι κυριώταταί γ' εἰσὶν αὗται τῶν καθ' ἕκαστα γνώσεις· ἀλλ' οὐ λέγουσι τὸ διὰ τί περὶ οὐδενός, οἷον διὰ τί θερμὸν τὸ πῦρ, ἀλλὰ μόνον ὅτι θερμόν (*Meta.* A. 1, 981ᵇ10). καὶ γὰρ αἰσθάνεται μὲν τὸ καθ' ἕκαστον, ἡ δ' αἴσθησις τοῦ καθόλου ἐστίν, οἷον ἀνθρώπου,

## LOGIC. 51

ἀλλ' οὐ Καλλίου ἀνθρώπου [cp. § 27, 4]. *An. Post.* II. 19, 100ᵃ16.

⁴ τὰ ζητούμενά ἐστιν ἴσα τὸν ἀριθμὸν ὅσαπερ ἐπιστάμεθα. ζητοῦμεν δὲ τέτταρα, τὸ ὅτι, τὸ διότι, εἰ ἔστι, τί ἐστιν. ὅταν μὲν γὰρ πότερον τόδε ἢ τόδε ζητῶμεν, εἰς ἀριθμὸν θέντες (reducing our results to numbers), οἷον πότερον ἐκλείπει ὁ ἥλιος ἢ οὔ, τὸ ὅτι ζητοῦμεν...ὅταν δὲ εἰδῶμεν τὸ ὅτι, τὸ διότι ζητοῦμεν, οἷον εἰδότες ὅτι ἐκλείπει καὶ ὅτι κινεῖται ἡ γῆ, τὸ διότι ἐκλείπει ἢ διότι κινεῖται ζητοῦμεν. ταῦτα μὲν οὖν οὕτως, ἔνια δ' ἄλλον τρόπον ζητοῦμεν, οἷον εἰ ἔστιν ἢ μή ἐστι κένταυρος ἢ θεός. τὸ δ' εἰ ἔστιν ἢ μὴ ἁπλῶς λέγω, ἀλλ' οὐκ εἰ λευκὸς ἢ μή. γνόντες δὲ ὅτι ἔστι, τί ἐστι ζητοῦμεν, οἷον τί οὖν ἐστὶ θεὸς ἢ τί ἐστιν ἄνθρωπος.

ζητοῦμεν δέ, ὅταν μὲν ζητῶμεν τὸ ὅτι ἢ τὸ εἰ ἔστιν ἁπλῶς, ἆρ' ἔστι μέσον αὐτοῦ ἢ οὐκ ἔστιν· ὅταν δὲ γνόντες ἢ τὸ ὅτι ἢ εἰ ἔστιν ἢ τὸ ἐπὶ μέρους ἢ τὸ ἁπλῶς, πάλιν τὸ διὰ τί ζητῶμεν ἢ τὸ τί ἐστι, τότε ζητοῦμεν τί τὸ μέσον. [The question of the ὅτι is ἐπὶ μέρους because its inquiry is *particular* and definite, Is the moon being eclipsed? the question of the εἰ ἔστιν is ἁπλῶς because it asks simply *generally*, Is there such and such a thing?] συμβαίνει ἄρα ἐν ἁπάσαις ταῖς ζητήσεσι ζητεῖν ἢ εἰ ἔστι μέσον ἢ τί ἐστι τὸ μέσον. τὸ μὲν γὰρ αἴτιον τὸ μέσον, ἐν ἅπασι δὲ τοῦτο ζητεῖται. ἆρ' ἐκλείπει; ἆρ' ἔστι τι αἴτιον ἢ οὔ· μετὰ ταῦτα γνόντες ὅτι ἔστι τι, τί οὖν τοῦτ' ἔστι ζητοῦμεν. τὸ γὰρ αἴτιον τοῦ εἶναι μὴ τοδὶ ἢ τοδὶ ἀλλ' ἁπλῶς τὴν οὐσίαν, ἢ τὸ μὴ ἁπλῶς, ἀλλὰ τι τῶν καθ' αὐτὸ ἢ κατὰ συμβεβηκὸς, τὸ μέσον ἐστίν. [That is, the μέσον may as cause explain simply the *existence* of an object, *i.e.* it may answer the question εἰ ἔστι, or it may express the cause why something or other is predicated of an object either as an essential attribute or as a resulting property.] λέγω δὲ τὸ μὲν ἁπλῶς τὸ ὑποκείμενον οἷον σελήνην ἢ γῆν ἢ ἥλιον ἢ τρίγωνον, τὸ δὲ τὶ ἔκλειψιν ἰσότητα ἀνισότητα, εἰ ἐν μέσῳ ἢ μή [*i. e.* ἁπλῶς refers to the simple existence or non-existence of a subject (ὑποκείμενον), τὶ shews how the predicate ἔκλειψις attaches to σελήνη or the predicate ἰσότητα to τρίγωνον]. ἐν ἅπασι γὰρ τούτοις φανερόν ἐστιν ὅτι τὸ αὐτό ἐστι τὸ τί ἐστι καὶ διὰ τί

4—2

ἐστιν. τί ἐστιν ἔκλειψις; στέρησις φωτὸς ἀπὸ σελήνης ὑπὸ γῆς ἀντιφράξεως. διὰ τί ἔστιν ἔκλειψις, ἢ διὰ τί ἐκλείπει ἡ σελήνη; διὰ τὸ ἀπολείπειν τὸ φῶς ἀντιφραττούσης τῆς γῆς. τί ἐστι συμφωνία; λόγος ἀριθμῶν ἐν ὀξεῖ ἢ βαρεῖ. διὰ τί συμφωνεῖ τὸ ὀξὺ τῷ βαρεῖ; διὰ τὸ λόγον ἔχειν ἀριθμῶν τὸ ὀξὺ καὶ τὸ βαρύ. *An. Post.* II. 1, 89ᵇ23.

⁵ ἡ δ᾽ ἀγχίνοιά ἐστιν εὐστοχία τις ἐν ἀσκέπτῳ χρόνῳ τοῦ μέσου, οἷον εἴ τις ἰδὼν ὅτι ἡ σελήνη τὸ λαμπρὸν ἀεὶ ἔχει πρὸς τὸν ἥλιον, ταχὺ ἐνενόησε διὰ τί τοῦτο, ὅτι διὰ τὸ λάμπειν ἀπὸ τοῦ ἡλίου. *An. Post.* I. 34, 89ᵇ10.

⁶ τῶν δὲ σχημάτων ἐπιστημονικὸν μάλιστα τὸ πρῶτόν ἐστιν. ἢ γὰρ ὅλως ἢ ὡς ἐπὶ τὸ πολὺ καὶ ἐν τοῖς πλείστοις διὰ τούτου τοῦ σχήματος ὁ τοῦ διότι συλλογισμός...εἶτα τὴν τοῦ τί ἐστιν ἐπιστήμην διὰ μόνου τούτου θηρεῦσαι δυνατόν. ἐν μὲν γὰρ τῷ μέσῳ σχήματι οὐ γίνεται κατηγορικὸς συλλογισμός, ἡ δὲ τοῦ τί ἐστιν ἐπιστήμη καταφάσεως· ἐν δὲ τῷ ἐσχάτῳ (3rd figure) γίνεται μὲν ἀλλ᾽ οὐ καθόλου, τὸ δὲ τί ἐστι τῶν καθόλου ἐστίν. *An. Post.* I. 14, 79ᵃ17

25. Definition (ὁρισμός) may be said to be at once the beginning and the end of syllogism and of scientific knowledge[1]. Such definition may be either real or nominal—it may, that is, either state what a thing really is, or merely explain its common acceptation[1]—but it is essentially a γνωρισμὸς οὐσίας, an explanation of the τί ἦν εἶναι of an object: and in describing *what* a thing is it should also state *why* it is[2]. Whereas then most definitions are merely like syllogistic conclusions, without any indication of the premisses on which they rest, the true definition explains the process by which the result has been obtained—it defines for instance the squaring of a figure not merely as the construction of an equilateral rectangular figure equal to a figure of which the sides are unequal, but as the finding of a mean proportional (Euclid, II. 14, and VI. 13[3]). Nor should defi-

## LOGIC. 53

nitions content themselves with a mere abstract statement of the substance: a knowledge of the properties (συμβεβηκότα) of bodies often throws important light upon the substance[4].

[1] ἐστὶν ὁ ὁρισμὸς ἢ ἀρχὴ ἀποδείξεως ἢ ἀπόδειξις θέσει διαφέρουσα (differing in the form of statement) ἢ συμπέρασμά τι ἀποδείξεως. (*An. Post.* I. 8, 75$^b$31.) ὁρισμὸς μὲν γὰρ τοῦ τί ἐστι καὶ οὐσίας· αἱ δ' ἀποδείξεις φαίνονται πᾶσαι ὑποτιθέμεναι καὶ λαμβάνουσαι τὸ τί ἐστιν, οἷον αἱ μαθηματικαὶ τὶ μονὰς καὶ τὶ τὸ περιττὸν καὶ αἱ ἄλλαι ὁμοίως. *An. Post.* II. 3, 90$^b$30.

[2] ὁρισμὸς δ' ἐπειδὴ λέγεται εἶναι λόγος τοῦ τί ἐστι, φανερὸν ὅτι ὁ μέν τις ἔσται λόγος τοῦ τί σημαίνει τὸ ὄνομα ἢ λόγος ἕτερος ὀνοματώδης, οἷον τὸ τί σημαίνει τί ἐστιν ᾗ τρίγωνον. ὅπερ ἔχοντες ὅτι ἔστι, ζητοῦμεν διὰ τί ἐστιν...εἰς μὲν δὴ ὅρος ἐστὶν ὅρου ὁ εἰρημένος, ἄλλος δ' ἐστὶν ὅρος λόγος ὁ δηλῶν διὰ τί ἐστιν. ὥστε ὁ μὲν πρότερος σημαίνει μέν, δείκνυσι δ' οὔ, ὁ δ' ὕστερος φανερὸν ὅτι ἔσται οἷον ἀπόδειξις τοῦ τί ἐστι, τῇ θέσει διαφέρων τῆς ἀποδείξεως. διαφέρει γὰρ εἰπεῖν διὰ τί βροντᾷ καὶ τί ἐστι βροντή. ἐρεῖ γὰρ οὕτω μὲν διότι· ἀποσβέννυται τὸ πῦρ ἐν νέφεσι. τί δ' ἐστὶ βροντή; ψόφος ἀποσβεννυμένου πυρὸς ἐν νέφεσιν. ὥστε ὁ αὐτὸς λόγος ἄλλον τρόπον λέγεται, καὶ ὡδὶ μὲν ἀπόδειξις συνεχής, ὡδὶ δὲ ὁρισμός. ἔτι ἐστὶν ὅρος βροντῆς ψόφος ἐν νέφεσι· τοῦτο δ' ἐστὶ τῆς τοῦ τί ἐστιν ἀποδείξεως συμπέρασμα. ὁ δὲ τῶν ἀμέσων ὁρισμὸς θέσις ἐστὶ τοῦ τί ἐστιν ἀναπόδεικτος. *An. Post.* II. 10, 93$^b$29.

[3] οὐ μόνον τὸ ὅτι δεῖ τὸν ὁριστικὸν λόγον δηλοῦν, ὥσπερ οἱ πλεῖστοι τῶν ὅρων λέγουσιν, ἀλλὰ καὶ τὴν αἰτίαν ἐνυπάρχειν καὶ ἐμφαίνεσθαι. νῦν δ' ὥσπερ συμπεράσμαθ' οἱ λόγοι τῶν ὅρων εἰσίν· οἷον τί ἐστι τετραγωνισμός; τὸ ἴσον ἑτερομήκει ὀρθογώνιον εἶναι ἰσόπλευρον. ὁ δὲ τοιοῦτος ὅρος λόγος τοῦ συμπεράσματος. ὁ δὲ λέγων ὅτι ἐστὶν ὁ τετραγωνισμὸς μέσης εὕρεσις, τοῦ πράγματος λέγει τὸ αἴτιον. *De An.* II. 2, 413$^a$13.

[4] ἔοικε δ' οὐ μόνον τὸ τί ἐστι γνῶναι χρήσιμον εἶναι πρὸς τὸ θεωρῆσαι τὰς αἰτίας τῶν συμβεβηκότων ταῖς οὐσίαις,

## 54                    LOGIC.

ὥσπερ ἐν τοῖς μαθήμασι τί τὸ εὐθὺ καὶ καμπύλον ἢ τί γραμμὴ καὶ ἐπίπεδον πρὸς τὸ κατιδεῖν πόσαις ὀρθαῖς αἱ τοῦ τριγώνου γωνίαι ἴσαι, ἀλλὰ καὶ ἀνάπαλιν τὰ συμβεβηκότα συμβάλλεται μέγα μέρος πρὸς τὸ εἰδέναι τὸ τί ἐστιν. ἐπειδὰν γὰρ ἔχωμεν ἀποδιδόναι κατὰ τὴν φαντασίαν περὶ τῶν συμβεβηκότων ἢ πάντων ἢ τῶν πλείστων, τότε καὶ περὶ τῆς οὐσίας ἕξομεν λέγειν κάλλιστα. *De An.* I. 1, 402$^b$16.

26. Scientific knowledge involves (1) a particular γένος ὑποκείμενον or subject of investigation; (2) certain πάθη or essential properties to be demonstrated; (3) certain κοινὰ ἀξιώματα or general principles of all reasoning[1]. Now true knowledge just lies in being able to connect the essential properties of a conception with its distinctive nature or peculiar principles: each sphere of knowledge having principles peculiar to itself, so that we cannot transfer the principles of one science to explain the problems of another (οὐκ ἔστιν μεταβάντα δεῖξαι), cannot *e.g.* reason about geometry on the data of arithmetic, though the principles of geometry may be applied to mechanics and those of arithmetic to harmonics[2]. Such particular principles cannot be proved any more than can the general axiomatic truths on which all science rests: the absence of logical training [ἀπαιδευσία] just in fact lies in asking proof for what cannot be proved[3]. Least of all can the peculiar principles of every science be deduced from some great architectonic science as Plato had imagined[4]. The question on the other hand about the way in which the first principles of science are obtained throws us back upon the question, How does knowledge begin? and so constitutes the Aristotelian Epistemology.

[1] ἐπεὶ δ' ἐξ ἀνάγκης ὑπάρχει περὶ ἕκαστον γένος ὅσα καθ' αὑτὰ ὑπάρχει καὶ ᾗ ἕκαστον, φανερὸν ὅτι περὶ τῶν καθ' αὑτὰ ὑπαρχόντων αἱ ἐπιστημονικαὶ ἀποδείξεις καὶ ἐκ τῶν τοιούτων

## LOGIC. 55

εἰσίν...οὐκ ἄρα ἔστιν ἐξ ἄλλου γένους μεταβάντα δεῖξαι, οἷον τὸ γεωμετρικὸν ἀριθμητικῇ. τρία γάρ ἐστι τὰ ἐν ταῖς ἀποδείξεσιν, ἓν μὲν τὸ ἀποδεικνύμενον τὸ συμπέρασμα, τοῦτο δ᾽ ἐστὶ τὸ ὑπάρχον γένει τινὶ καθ᾽ αὑτό, ἓν δὲ τὰ ἀξιώματα, ἀξιώματα δ᾽ ἐστὶν ἐξ ὧν. τρίτον τὸ γένος τὸ ὑποκείμενον, οὗ τὰ πάθη καὶ τὰ καθ᾽ αὑτὰ συμβεβηκότα δηλοῖ ἡ ἀπόδειξις. ἐξ ὧν μὲν οὖν ἡ ἀπόδειξις ἐνδέχεται τὰ αὐτὰ εἶναι· ὧν δὲ τὸ γένος ἕτερον ὥσπερ ἀριθμητικῆς καὶ γεωμετρίας, οὐκ ἔστι τὴν ἀριθμητικὴν ἀπόδειξιν ἐφαρμόσαι ἐπὶ τὰ τοῖς μεγέθεσι συμβεβηκότα, εἰ μὴ τὰ μεγέθη ἀριθμοί εἰσι. *An. Post.* I. 7, 75ᵃ28.

² ἕκαστον δ᾽ ἐπιστήμεθα μὴ κατὰ συμβεβηκός, ὅταν κατ᾽ ἐκεῖνο γινώσκωμεν καθ᾽ ὃ ὑπάρχει, ἐκ τῶν ἀρχῶν τῶν ἐκείνου ᾗ ἐκεῖνο, οἷον τὸ δυσὶν ὀρθαῖς ἴσας ἔχειν, ᾧ ὑπάρχει καθ᾽ αὑτὸ τὸ εἰρημένον, ἐκ τῶν ἀρχῶν τῶν τούτου. ὥστ᾽ εἰ καθ᾽ αὑτὸ κἀκεῖνο ὑπάρχει ᾧ ὑπάρχει, ἀνάγκη τὸ μέσον ἐν τῇ αὐτῇ συγγενείᾳ εἶναι. εἰ δὲ μή, ἀλλ᾽ ὡς τὰ ἁρμονικὰ δι᾽ ἀριθμητικῆς. *i.e.* we have essential and not merely empirical knowledge of any truth when we know it of that to which it belongs on the ground of the principles of this thing as such : *e.g.* true knowledge of the equality of the angles of a triangle to two right angles is only reached when we see that the equality follows from the principles of the object (*i.e.* the triangle) to which the property in question essentially belongs. *An. Post.* I. 9, 76ᵃ4.

ἔστι δ᾽ ὧν χρῶνται ἐν ταῖς ἀποδεικτικαῖς ἐπιστήμαις τὰ μὲν ἴδια ἑκάστης ἐπιστήμης τὰ δὲ κοινά, κοινὰ δὲ κατ᾽ ἀναλογίαν, ἐπεὶ χρήσιμόν γε ὅσον ἐν τῷ ὑπὸ τὴν ἐπιστήμην γένει. ἴδια μὲν οἷον γραμμὴν εἶναι τοιανδὶ καὶ τὸ εὐθύ, κοινὰ δὲ οἷον τὸ ἴσα ἀπὸ ἴσων ἂν ἀφέλῃ, ὅτι ἴσα τὰ λοιπά. *An. Post.* I. 10, 76ᵇ37.

³ ἐκ τούτων φανερὸν ὅτι οὐκ ἔστιν ἀποδεῖξαι ἕκαστον ἁπλῶς, ἀλλ᾽ ἢ ἐκ τῶν ἑκάστου ἀρχῶν. ἀλλὰ τούτων αἱ ἀρχαὶ ἔχουσι τὸ κοινόν. εἰ δὲ φανερὸν τοῦτο, φανερὸν καὶ ὅτι οὐκ ἔστι τὰς ἑκάστου ἰδίας ἀρχὰς ἀποδεῖξαι. ἔσονται γὰρ ἐκεῖναι ἁπάντων ἀρχαί, καὶ ἐπιστήμη ἡ ἐκείνων κυρία πάντων. 76ᵃ15. And speaking of the axiom of contradiction Aristotle says it is through ἀπαιδευσία that people attempt to

## 56    LOGIC.

prove it: ἔστι γὰρ ἀπαιδευσία τὸ μὴ γινώσκειν τίνων δεῖ ζητεῖν ἀπόδειξιν καὶ τίνων οὐ δεῖ. *Meta.* Γ 4, 1006ᵃ5.
⁴ ἡμεῖς δέ φαμεν οὔτε πᾶσαν ἐπιστήμην ἀποδεικτικὴν εἶναι ἀλλὰ τὴν τῶν ἀμέσων ἀναπόδεικτον...καὶ οὐ μόνον ἐπιστήμην ἀλλὰ καὶ ἀρχὴν ἐπιστήμης εἶναι τινά φαμεν, ᾗ τοὺς ὅρους γνωρίζομεν (72ᵇ17). ἀρχὴ δ' ἐστὶν ἀποδείξεως πρότασις ἄμεσος, ἄμεσος δὲ ἧς μή ἐστιν ἄλλη προτέρα... ἀμέσου δ' ἀρχῆς συλλογιστικῆς θέσιν (postulate) μὲν λέγω ἣν μὴ ἔστι δεῖξαι μηδ' ἀνάγκη ἔχειν τὸν μαθησόμενόν τι· ἣν δ' ἀνάγκη ἔχειν τὸν ὁτιοῦν μαθησόμενον, ἀξίωμα· θέσεως δ' ἡ μὲν ὁποτερονοῦν τῶν μορίων τῆς ἀποφάνσεως λαμβάνουσα, οἷον λέγω τὸ εἶναί τι ἢ τὸ μὴ εἶναί τι, ὑπόθεσις, ἡ δ' ἄνευ τούτου ὁρισμός. *An. Post.* I. 2, 72ᵃ7.

27. Aristotle's theory of knowledge can hardly be stated with any definiteness, because it would seem to assign almost equal importance to sense and reason in the building up of knowledge: and there are many passages which might be adduced in support of the sensationalist summary of Aristotle's Epistemology— "nihil est in intellectu quod non prius fuerit in sensu." The true Aristotelian theory, however, is probably more completely expressed in the aphorism of Patricius— "Cognitio omnis a mente primam originem, a sensibus exordium habet primum." For, as Aristotle sees, there are almost equal difficulties in treating the principles of knowledge as absolutely innate and as absolutely acquired: since the former assumption implies that we, without knowing it, possess a knowledge more absolutely certain than demonstration, while the latter simply raises afresh the difficulty it seeks to solve, and makes us ask how in accordance with the principles of proof we can know these principles unless some knowledge has itself preceded[1]. Aristotle accordingly treats knowledge as a

## LOGIC. 57

*development* from the impressions of sense[2], but recognises that sense, as such, does not give us knowledge[3], and thus while at one time regarding the formation of general notions as proceeding from the less to the more extended, he at another place conceives knowledge as proceeding from the universal to the particular, the abstract to the concrete[4]: and while again regarding ἐπαγωγή as the means by which we acquire our earliest conceptions, he does not fail upon the other hand to remind us that νοῦς, or reason, is that of which ἐπαγωγή is merely the expression[5]. The stages in Aristotle's conception of the growth of knowledge are: 1°, Sense, 2°, Memory, 3°, Experience, or "the formation of general conceptions in the mind," 4°, Science, and 5° Art[6].

[1] ὅτι μὲν οὖν οὐκ ἐνδέχεται ἐπίστασθαι δι' ἀποδείξεως μὴ γινώσκοντι τὰς πρώτας ἀρχὰς τὰς ἀμέσους εἴρηται πρότερον. τῶν δ' ἀμέσων τὴν γνῶσιν διαπορήσειεν ἄν τις...πότερον οὐκ ἐνοῦσαι αἱ ἕξεις ἐγγίνονται ἢ ἐνοῦσαι λελήθασιν. εἰ μὲν δὴ ἔχομεν αὐτάς, ἄτοπον· συμβαίνει γὰρ ἀκριβεστέρας ἔχοντας γνώσεις ἀποδείξεως λανθάνειν. εἰ δὲ λαμβάνομεν μὴ ἔχοντες πρότερον, πῶς ἂν 'γνωρίζοιμεν καὶ μανθάνοιμεν ἐκ μὴ προϋπαρχούσης γνώσεως; ἀδύνατον γάρ, ὥσπερ καὶ ἐπὶ τῆς ἀποδείξεως ἐλέγομεν. φανερὸν τοίνυν ὅτι οὔτ' ἔχειν οἷόν τε, οὔτ' ἀγνοοῦσι καὶ μηδεμίαν ἔχουσιν ἕξιν ἐγγίνεσθαι. *An. Post.* II. 19, 99ᵇ 20.

[2] ἀνάγκη ἄρα ἔχειν μέν τινα δύναμιν, μὴ τοιαύτην δ' ἔχειν ἢ ἔσται τούτων τιμιωτέρα κατ' ἀκρίβειαν. φαίνεται δὲ τοῦτό γε πᾶσιν ὑπάρχον τοῖς ζῴοις. ἔχει γὰρ δύναμιν σύμφυτον κριτικὴν ἣν καλοῦσιν αἴσθησιν. ἐνούσης δ' αἰσθήσεως τοῖς μὲν τῶν ζῴων ἐγγίνεται μονὴ τοῦ αἰσθήματος, τοῖς δ' οὐκ ἐγγίνεται. ὅσοις μὲν οὖν μὴ ἐγγίνεται, ἢ ὅλως ἢ περὶ ἃ μὴ ἐγγίνεται, οὐκ ἔστι τούτοις γνῶσις ἔξω τοῦ αἰσθάνεσθαι· ἐν οἷς δ' ἔνεστιν αἰσθανομένοις ἔχειν ἔτι ἐν τῇ ψυχῇ. πολλῶν δὲ τοιούτων γινομένων ἤδη διαφορά τις γίνεται, ὥστε τοῖς μὲν

γίνεσθαι λόγον ἐκ τῆς τῶν τοιούτων μονῆς, τοῖς δὲ μή. ἐκ μὲν οὖν αἰσθήσεως γίνεται μνήμη, ὥσπερ εἴπομεν, ἐκ δὲ μνήμης πολλάκις τοῦ αὐτοῦ γινομένης ἐμπειρία· αἱ γὰρ πολλαὶ μνῆμαι τῷ ἀριθμῷ ἐμπειρία μία ἐστιν. ἐκ δ' ἐμπειρίας ἢ ἐκ παντὸς ἠρεμήσαντος τοῦ καθόλου ἐν τῇ ψυχῇ, τοῦ ἑνὸς παρὰ τὰ πολλά, ὃ ἂν ἐν ἅπασιν ἓν ἐνῇ ἐκείνοις τὸ αὐτό, τέχνης ἀρχὴ καὶ ἐπιστήμης, ἐὰν μὲν περὶ γένεσιν, τέχνης, ἐὰν δὲ περὶ τὸ ὂν ἐπιστήμης. *An. Post.* II. 19, 99$^b$32.

φανερὸν δὲ καὶ ὅτι, εἴ τις αἴσθησις ἐκλέλοιπεν, ἀνάγκη καὶ ἐπιστήμην τινὰ ἐκλελοιπέναι, ἣν ἀδύνατον λαβεῖν, εἴπερ μανθάνομεν ἢ ἐπαγωγῇ ἢ ἀποδείξει. ἔστι δ' ἡ μὲν ἀπόδειξις ἐκ τῶν καθόλου, ἡ δ' ἐπαγωγὴ ἐκ τῶν κατὰ μέρος· ἀδύνατον δὲ τὰ καθόλου θεωρῆσαι μὴ δι' ἐπαγωγῆς ...ἐπαχθῆναι δὲ μὴ ἔχοντας αἴσθησιν ἀδύνατον· τῶν γὰρ καθ' ἕκαστον ἡ αἴσθησις. *Anal. Post.* I. 13, 81$^a$38.

[3] οὐδὲ δι' αἰσθήσεως ἔστιν ἐπίστασθαι...οὐ γὰρ ἦν τοῦ καθόλου αἴσθησις. *An. Post.* I. 31, 87$^b$28. Cp. 24, 3.

[4] οὔτε δὴ ἐνυπάρχουσιν ἀφωρισμέναι αἱ ἕξεις (our cognitive powers are not ready-made innate faculties) οὔτ' ἀπ' ἄλλων ἕξεων γίνονται γνωστικωτέρων, ἀλλ' ἀπὸ αἰσθήσεως, οἷον ἐν μάχῃ τροπῆς γενομένης ἑνὸς στάντος ἕτερος ἔστη, εἶθ' ἕτερος, ἕως ἐπὶ ἀρχὴν ἦλθεν. ἡ δὲ ψυχὴ ὑπάρχει τοιαύτη οὖσα οἵα δύνασθαι πάσχειν τοῦτο [*i.e.* the work of the mind in gathering together its knowledge is just like the action of an army in gathering its routed soldiers. Just as in the army one man has to stand and become a centre round which others may group themselves and thus get order and system (ἐπὶ ἀρχὴν ἦλθεν), so knowledge is a work of concretion in which thought gradually widens itself until it reach the highest universal], στάντος γὰρ τῶν ἀδιαφόρων ἑνός, πρῶτον μὲν ἐν τῇ ψυχῇ καθόλου (καὶ γὰρ αἰσθάνεται μὲν τὸ καθ' ἕκαστον, ἡ δ' αἴσθησις τοῦ καθόλου ἐστίν, οἷον ἀνθρώπου ἀλλ' οὐ Καλλίου ἀνθρώπου) πάλιν δ' ἐν τούτοις ἵσταται, ἕως ἂν τὰ ἀμερῆ στῇ καὶ τὰ καθόλου, οἷον τοιονδὶ ζῷον, ἕως ζῷον· καὶ ἐν τούτῳ ὡσαύτως. [The meaning would seem to be rightly given by Mr Shadworth Hodgson (*Philosophy of Reflection*, II. 15): "Although it is Callias an individual that is the object perceived, yet

what sense perceives is not Callias, but general qualities."] 100ᵃ15.

⁵ ἔστι δ' ἡμῖν πρῶτον δῆλα καὶ σαφῆ τὰ συγκεχυμένα μᾶλλον· ὕστερον δ' ἐκ τούτων γίνεται γνώριμα τὰ στοιχεῖα καὶ αἱ ἀρχαὶ διαιροῦσι ταῦτα. διὸ ἐκ τῶν καθόλου ἐπὶ τὰ καθ' ἕκαστα δεῖ προϊέναι. τὸ γὰρ ὅλον κατὰ τὴν αἴσθησιν γνωριμώτερον, τὸ δὲ καθόλου ὅλον τί ἐστιν. And so, Aristotle adds, children begin by calling all men "fathers" and all women "mothers," and only at a later period differentiate the terms. *Phys.* I. 1, 184ᵃ22.

⁶ δῆλον δὴ ὅτι ἡμῖν τὰ πρῶτα ἐπαγωγῇ γνωρίζειν ἀναγκαῖον· καὶ γὰρ καὶ αἴσθησις οὕτω τὸ καθόλου ἐμποιεῖ. ἐπεὶ δὲ...αἱ ἀρχαὶ τῶν ἀποδείξεων γνωριμώτεραι, ἐπιστήμη δ' ἅπασα μετὰ λόγου ἐστί, τῶν ἀρχῶν ἐπιστήμη μὲν οὐκ ἂν εἴη· ἐπεὶ δ' οὐδὲν ἀληθέστερον ἐνδέχεται εἶναι ἐπιστήμης ἢ νοῦν, νοῦς ἂν εἴη τῶν ἀρχῶν. *Anal. Post.* II. 19, 100ᵇ10. Cp. *Eth. Nic.* VI. 3. 3, 1139ᵇ30 (εἰσὶν ἄρα ἀρχαὶ ἐξ ὧν ὁ συλλογισμός, ὧν οὐκ ἔστι συλλογισμός. ἐπαγωγὴ ἄρα) with VI. 6, 1141ᵃ7 (λείπεται νοῦν εἶναι τῶν ἀρχῶν). So again in *Eth. Nic.* VI. 11. 5, 1143ᵇ5, Aristotle, speaking of the formation of moral ideas, says we must proceed from individual facts of experience to general truths, but adds that the perception of these particulars implies the exercise of reason (ἐκ τῶν καθ' ἕκαστα τὸ καθόλου· τούτων οὖν ἔχειν δεῖ αἴσθησιν, αὕτη δ' ἐστὶ νοῦς). And correspondingly the first step in induction is the *generalizing* of a single instance is designated as an act of reason (δεῖ δὲ νοεῖν τὸ Γ τὸ ἐξ ἁπάντων τῶν καθ' ἕκαστον συγκείμενον).

φύσει μὲν οὖν αἴσθησιν ἔχοντα γίγνεται τὰ ζῷα, ἐκ δὲ τῆς αἰσθήσεως τοῖς μὲν αὐτῶν οὐκ ἐγγίγνεται μνήμη, τοῖς δ' ἐγγίγνεται...γίγνεται δὲ ἐκ τῆς μνήμης ἐμπειρία τοῖς ἀνθρώποις· αἱ γὰρ πολλαὶ μνῆμαι τοῦ αὐτοῦ πράγματος μιᾶς ἐμπειρίας δύναμιν ἀποτελοῦσιν. καὶ δοκεῖ σχεδὸν ἐπιστήμη καὶ τέχνη ὅμοιον εἶναι ἡ ἐμπειρία. ἀποβαίνει δ' ἐπιστήμη καὶ τέχνη διὰ τῆς ἐμπειρίας τοῖς ἀνθρώποις...γίγνεται δὲ τέχνη ὅταν ἐκ πολλῶν τῆς ἐμπειρίας ἐννοημάτων μία καθόλου γένηται περὶ τῶν ὁμοίων ὑπόληψις. *Metaphys.* A. 1, 980ᵃ28.

# CHAPTER IV.

## METAPHYSIC.

28. Philosophy, properly so called, Aristotle views as arising, after material wants had been supplied, out of that feeling of curiosity and wonder to which the myth gave a provisional satisfaction[1]. The earliest speculators were philosophers of nature (φυσιόλογοι[2]), to whom succeeded the Pythagoreans with mathematical abstractions[3]. The level of pure thought was reached partly in the Eleatics and Anaxagoras[4], but more completely in the work of Socrates, who habituated men's minds to the expression of general conceptions in definitions arrived at by induction and analogy[5].

[1] διὰ γὰρ τὸ θαυμάζειν οἱ ἄνθρωποι καὶ νῦν καὶ τὸ πρῶτον ἤρξαντο φιλοσοφεῖν......διὸ καὶ ὁ φιλόμυθος φιλόσοφός πώς ἐστιν· ὁ γὰρ μῦθος σύγκειται ἐκ θαυμασίων. *Meta.* A. I, 982ᵇ12. Cp. Plato, *Theætetus* 155 D.

[2] τῶν δὴ πρῶτον φιλοσοφησάντων οἱ πλεῖστοι τὰς ἐν ὕλης εἴδει μόνας ᾠήθησαν ἀρχὰς εἶναι πάντων. 983ᵇ6.

[3] ἐν τοῖς ἀριθμοῖς ἐδόκουν (*i.e.* οἱ Πυθαγόρειοι) θεωρεῖν ὁμοιώματα πολλὰ τοῖς οὖσι καὶ γιγνομένοις, μᾶλλον ἢ ἐν πυρὶ καὶ γῇ καὶ ὕδατι. 985ᵇ28.

[4] νοῦν δή τις εἰπὼν εἶναι, καθάπερ ἐν τοῖς ζῴοις, καὶ ἐν

τῇ φύσει τὸ αἴτιον τοῦ κόσμου καὶ τῆς τάξεως πάσης, οἷον νήφων ἐφάνη παρ' εἰκῇ λέγοντας τοὺς πρότερον. *Meta.* A 4, 984ᵇ15. ⁵ δύο γάρ ἐστιν ἅ τις ἂν ἀποδοίη Σωκράτει δικαίως, τούς τ' ἐπακτικοὺς λόγους καὶ τὸ ὁρίζεσθαι καθόλου. ταῦτα γὰρ ἔστιν ἄμφω περὶ ἀρχὴν ἐπιστήμης. ἀλλ' ὁ μὲν Σωκράτης τὰ καθόλου οὐ χωριστὰ ἐποίει οὐδὲ τοὺς ὁρισμούς· οἱ δ' ἐχώρισαν καὶ τὰ τοιαῦτα τῶν ὄντων ἰδέας προσηγόρευσαν (*scil.* the Platonists). *Metaph.* M. 4, 1078ᵇ28.

29. Metaphysics—the name given by Aristotle's editors to his works on *prima philosophia*, either because they went *beyond* or followed *after* his physical investigations—deals as a form of scientific knowledge with first principles or ultimate conditions of all existence, and more definitely considers being *qua* being and its essential attributes: just as mathematics, going so far beyond physics, considers the characteristics which belong to being not *qua* being, but *qua* line or angle[1]. In its universal character Metaphysic resembles Dialectic and Sophistic, but differs from the one in method, from the other in its moral purpose, Dialectic being tentative (πειραστική) where Philosophy is definitely conclusive and Sophistic the pretence of knowledge without the reality[2].

[1] ἔστιν ἐπιστήμη τις ἣ θεωρεῖ τὸ ὂν ᾗ ὂν καὶ τὰ τούτῳ ὑπάρχοντα καθ' αὐτό......διὸ καὶ ἡμῖν τοῦ ὄντος ᾗ ὂν τὰς πρώτας αἰτίας ληπτέον. *Meta.* Γ. 1, 1003ᵃ21. (Cp. 1003ᵇ 16.) καθάπερ δ' ὁ μαθηματικὸς περὶ τὰ ἐξ ἀφαιρέσεως τὴν θεωρίαν ποιεῖται (περιελὼν γὰρ πάντα τὰ αἰσθητὰ θεωρεῖ, οἷον βάρος καὶ κουφότητα ἔτι δὲ καὶ θερμότητα καὶ ψυχρότητα, μόνον δὲ καταλείπει τὸ ποσὸν καὶ συνεχές, τῶν μὲν ἐφ' ἓν τῶν δ' ἐπὶ δύο τῶν δ' ἐπὶ τρία, καὶ τὰ πάθη τὰ τούτων ᾗ ποσά ἐστι καὶ συνεχῆ, καὶ οὐ καθ' ἕτερόν τι θεωρεῖ)......τὸν αὐτὸν δὴ τρόπον ἔχει καὶ περὶ τὸ ὄν· τὰ γὰρ τούτῳ συμβεβηκότα καθ' ὅσον ἐστὶν ὂν καὶ τὰς ἐναντιώσεις αὐτοῦ ᾗ ὂν οὐκ ἄλλης

ἐπιστήμης ἢ φιλοσοφίας θεωρῆσαι. τῇ φυσικῇ μὲν γὰρ οὐχ ᾗ ὄντα, μᾶλλον δ' ᾗ κινήσεως μετέχει, τὴν θεωρίαν τις ἀπονείμειεν ἄν. *Metaphys.* K. 3, 1061ᵃ28.

² καὶ ἔστι τοῦ φιλοσόφου περὶ πάντων δύνασθαι θεωρεῖν. εἰ γὰρ μὴ τοῦ φιλοσόφου, τίς ἔσται ὁ ἐπισκεψόμενος εἰ ταὐτὸ Σωκράτης καὶ Σωκράτης καθήμενος ἢ εἰ ἓν ἑνὶ ἐναντίον, ἢ τί ἐστι τὸ ἐναντίον, ἢ ποσαχῶς λέγεται ;...ὥσπερ ἔστι καὶ ἀριθμοῦ ᾗ ἀριθμὸς ἴδια πάθη οἷον περιττότης ἀρτιότης......οὕτω καὶ τῷ ὄντι ᾗ ὂν ἔστι τινὰ ἴδια καὶ ταῦτ' ἐστὶ περὶ ὧν τοῦ φιλοσόφου ἐπισκέψασθαι τἀληθές. σημεῖον δέ· οἱ γὰρ διαλεκτικοὶ καὶ σοφισταὶ ταὐτὸν μὲν ὑποδύονται σχῆμα τῷ φιλοσόφῳ.....περὶ μὲν γὰρ τὸ αὐτὸ γένος στρέφεται ἡ σοφιστικὴ καὶ ἡ διαλεκτικὴ τῇ φιλοσοφίᾳ, ἀλλὰ διαφέρει τῆς μὲν τῷ τρόπῳ τῆς δυνάμεως, τῆς δὲ τοῦ βίου τῇ προαιρέσει. ἔστι δὲ ἡ διαλεκτικὴ πειραστικὴ περὶ ὧν ἡ φιλοσοφία γνωριστική, ἡ δὲ σοφιστικὴ φαινομένη, οὖσα δ' οὔ. *Meta.* Γ. 2, 1004ᵇ. Cp. *Soph. El.* 165ᵇ9; *Rhetor.* I. 1, 1355ᵇ17.

30. The axioms of science fall under the consideration of the metaphysician in so far as they are properties of *all* existence. As against therefore the followers of Heraclitus and Protagoras, Aristotle defends both the axiom of contradiction[1], and that of excluded middle[2], by shewing that their denial, and the Protagorean doctrine of utter relativity, is suicidal[3]. Carried out to its logical consequences, the denial of these axioms would lead to the sameness of all facts and all assertions: and to an indifference in conduct, which is not accepted by those who deny the axioms in question: people do not think it the same thing to fall into a pit some morning and to avoid doing so[4].

[1] τὸ γὰρ αὐτὸ ἅμα ὑπάρχειν τε καὶ μὴ ὑπάρχειν ἀδύνατον τῷ αὐτῷ καὶ κατὰ τὸ αὐτό, αὕτη δὴ πασῶν ἐστι βεβαιοτάτη τῶν ἀρχῶν...ἀδύνατον γὰρ ὁντινοῦν ταὐτὸν ὑπολαμβάνειν εἶναι, καὶ μὴ εἶναι, καθάπερ τινὲς οἴονται λέγειν Ἡράκλειτον.

οὐκ ἔστι γὰρ ἀναγκαῖον, ἅ τις λέγει, ταῦτα καὶ ὑπολαμβάνειν. *Meta.* Γ. 3, 1005ᵇ20.

² ἀλλὰ μὴν οὐδὲ μεταξὺ ἀντιφάσεως ἐνδέχεται εἶναι οὐθέν, ἀλλ' ἀνάγκη ἢ φάναι ἢ ἀποφάναι ἓν καθ' ἑνὸς ὁτιοῦν. *Meta.* Γ. 7, 1011ᵇ23.

³ τὸ γὰρ μὴ ἕν τι σημαίνειν οὐθὲν σημαίνειν ἐστίν, μὴ σημαινόντων δὲ τῶν ὀνομάτων ἀνῄρηται τὸ διαλέγεσθαι πρὸς ἀλλήλους, κατὰ δὲ τὴν ἀλήθειαν καὶ πρὸς αὑτόν· οὐθὲν γὰρ ἐνδέχεται νοεῖν μὴ νοοῦντα ἕν. [The axiom, that is, is really the postulate that words shall have some *one* meaning and not mean anything.] *Meta.* Γ 4, 1006ᵇ8.

συμβαίνει δὴ καὶ τὸ θρυλλούμενον πᾶσι τοῖς τοιούτοις λόγοις αὐτοὺς ἑαυτοὺς ἀναιρεῖν. ὁ μὲν γὰρ πάντα ἀληθῆ λέγων καὶ τὸν ἐναντίον αὑτοῦ λόγον ἀληθῆ ποιεῖ, ὥστε τὸν αὑτοῦ οὐκ ἀληθῆ (ὁ γὰρ ἐναντίος οὔ φησιν αὐτὸν ἀληθῆ), ὁ δὲ πάντα ψευδῆ καὶ αὐτὸς αὑτόν. *Meta.* Γ. 8, 1012ᵇ14.

ὅλως . δ' ἀναιροῦσιν οἱ τοῦτο λέγοντες οὐσίαν καὶ τὸ τί ἦν εἶναι. πάντα γὰρ ἀνάγκη συμβεβηκέναι φάσκειν αὐτοῖς. 1007ᵃ20.

⁴ ἔτι εἰ ἀληθεῖς αἱ ἀντιφάσεις ἅμα κατὰ τοῦ αὐτοῦ πᾶσαι, δῆλον ὡς ἅπαντα ἔσται ἕν. ἔσται γὰρ τὸ αὐτὸ καὶ τριήρης καὶ τοῖχος καὶ ἄνθρωπος, εἰ κατὰ παντός τι ἢ καταφῆσαι ἢ ἀποφῆσαι ἐνδέχεται, καθάπερ ἀνάγκη τοῖς τὸν Πρωταγόρου λέγουσι λόγον...εἰ δὲ μηθὲν ὑπολαμβάνει ἀλλ' ὁμοίως οἴεται καὶ οὐκ οἴεται, τί ἂν διαφερόντως ἔχοι τῶν φυτῶν; ὅθεν καὶ μάλιστα φανερόν ἐστιν ὅτι οὐδεὶς οὕτω διάκειται οὔτε τῶν ἄλλων οὔτε τῶν λεγόντων τὸν λόγον τοῦτον. διὰ τί γὰρ βαδίζει Μέγαράδε ἀλλ' οὐχ ἡσυχάζει οἰόμενος βαδίζειν; οὐδ' εὐθέως ἕωθεν πορεύεται εἰς φρέαρ ἢ εἰς φάραγγα, ἐὰν τύχῃ, ἀλλὰ φαίνεται εὐλαβούμενος, ὡς οὐχ ὁμοίως οἰόμενος μὴ ἀγαθὸν εἶναι τὸ ἐμπεσεῖν καὶ ἀγαθόν; *Meta.* Γ. 4, 1008ᵇ10.

31. Metaphysic being the Science of Being *qua* Being, the leading question of Aristotle's First Philosophy comes to be—What is meant by the Real or by true Substance? This same question Plato had tried to solve by positing an universal and invariable element of knowledge and existence, or an idea, as the only real and

## METAPHYSIC.

permanent beside the changing phenomena of sense[1]. For Plato, accepting the Heraclitean doctrine that sensible things were in constant change, drew therefrom the conclusion that things *qua* sensible could not be known. But things, he argued further, *are* known; and this knowledge must be in virtue of that universal notion for which Socrates sought[2].

[1] συνέβη δ' ἡ περὶ τῶν εἰδῶν δόξα τοῖς εἴπουσι διὰ τὸ πεισθῆναι περὶ τῆς ἀληθείας τοῖς Ἡρακλειτείοις λόγοις ὡς πάντων τῶν αἰσθητῶν ἀεὶ ῥεόντων, ὥστ' εἴπερ ἐπιστήμη τινὸς ἔσται καὶ φρόνησις, ἑτέρας δεῖν τινὰς φύσεις εἶναι παρὰ τὰς αἰσθητὰς μενούσας· οὐ γὰρ εἶναι τῶν ῥεόντων ἐπιστήμην. *Meta*. M. 4, 1078$^b$15.

[2] Σωκράτους δὲ περὶ μὲν τὰ ἠθικὰ πραγματευομένου, περὶ δὲ τῆς ὅλης φύσεως οὐθέν, ἐν μέντοι τούτοις τὸ καθόλου ζητοῦντος καὶ περὶ ὁρισμῶν ἐπιστήσαντος πρώτου τὴν διάνοιαν, ἐκεῖνον ἀποδεξάμενος διὰ τὸ τοιοῦτον ὑπέλαβεν ὡς περὶ ἑτέρων τοῦτο γινόμενον καὶ οὐ τῶν αἰσθητῶν τινός· ἀδύνατον γὰρ εἶναι τὸν κοινὸν ὅρον τῶν αἰσθητῶν τινός, ἀεί γε μεταβαλλόντων. οὗτος μὲν οὖν τὰ τοιαῦτα τῶν ὄντων ἰδέας προσηγόρευσε, τὰ δ' αἰσθητὰ παρὰ ταῦτα λέγεσθαι πάντα. *Meta*. A. 6, 987$^b$1.

32. Plato's Ideal Theory is defective at once from the standpoint of the Physicist, the Psychologist and the Metaphysician[1].

1. Ideas are powerless to explain the unceasing life and *change* of nature: they do not contribute to objects of sensation any cause of movement and alteration[2].

2. They are equally incompetent to explain *knowledge:* for (α) knowledge is of the οὐσία, which is *in* things, whereas ideas place it outside them; (β) to suppose that we know things better by adding on their general conceptions, is about as absurd as to imagine that we can count numbers better by multiplying them[3]; (γ) if they are assumed to explain what is permanent in

knowledge, they must be extended to objects of art, of which, however, the Platonists do not recognise ideas[4].

3. Ideas are equally incompetent to explain *existence* (εἶναι). For (*a*) they do not exist *in* the objects which partake in their nature, while the truth is, that substance cannot be separated from that of which it is the substance[5]; (*b*) the relation between ideas and things is left altogether unexplained. To describe the ideas as patterns, or archetypes of things, is mere poetical metaphor, and since what is a genus to one object, is a species to a higher class, the same idea will have to be at once archetype and ectype[6]. Further, between the idea and the individual object, we must imagine an intermediate link and so on *ad infinitum*[7]*:* there must always be a 'third man' between the individual man and the idea of man.

[1] πάντων δὲ μάλιστα διαπορήσειεν ἄν τις, τί ποτε συμβάλλεται τὰ εἴδη ἢ τοῖς ἀϊδίοις τῶν αἰσθητῶν ἢ τοῖς γιγνομένοις καὶ φθειρομένοις· οὔτε γὰρ κινήσεως οὔτε μεταβολῆς οὐδεμιᾶς ἐστιν αἴτια αὐτοῖς. ἀλλὰ μὴν οὔτε πρὸς τὴν ἐπιστήμην οὐθὲν βοηθεῖ τὴν τῶν ἄλλων (οὐδὲ γὰρ οὐσία ἐκεῖνα τούτων· ἐν τούτοις γὰρ ἂν ἦν) οὔτ' εἰς τὸ εἶναι, μὴ ἐνυπάρχοντά γε τοῖς μετέχουσιν; *Meta.* A. 9, 991ᵃ8, or in identical words M. 5, 1079ᵇ12. Cp. Z. 1033ᵇ26.

[2] ἐν δὲ τῷ Φαίδωνι οὕτως λέγεται, ὡς καὶ τοῦ εἶναι καὶ τοῦ γίγνεσθαι αἴτια τὰ εἴδη ἐστίν. καίτοι τῶν εἰδῶν ὄντων ὅμως οὐ γίγνεται τὰ μετέχοντα, ἂν μὴ ᾖ τὸ κινῆσον, καὶ πολλὰ γίγνεται ἕτερα, οἷον οἰκία καὶ δακτύλιος, ὧν οὔ φαμεν εἴδη εἶναι. 991ᵇ4.

[3] ἀλλ' ὁ μὲν Σωκράτης τὰ καθόλου οὐ χωριστὰ ἐποίει· οἱ δ' ἐχώρισαν, καὶ τὰ τοιαῦτα τῶν ὄντων ἰδέας προσηγόρευσαν. ὥστε συνέβαινεν αὐτοῖς σχεδὸν τῷ αὐτῷ λόγῳ πάντων ἰδέας εἶναι τῶν καθόλου λεγομένων, καὶ παραπλήσιον ὥσπερ ἂν εἴ τις ἀριθμῆσαι βουλόμενος, ἐλαττόνων μὲν ὄντων οἴοιτο μὴ δυνήσεσθαι, πλείω δὲ ποιήσας ἀριθμοίη. 1078ᵇ35.

⁴ κατά τε γὰρ τοὺς λόγους τοὺς ἐκ τῶν ἐπιστημῶν ἔσται εἴδη πάντων ὅσων ἐπιστῆμαί εἰσιν. 1079ᵃ9.
⁵ ἔτι δόξειεν ἂν ἀδύνατον εἶναι χωρὶς τὴν οὐσίαν καὶ οὗ ἡ οὐσία. ὥστε πῶς ἂν αἱ ἰδέαι οὐσίαι τῶν πραγμάτων οὖσαι χωρὶς εἶεν; Meta. A. 9, 991ᵇ1.
⁶ τὸ δὲ λέγειν παραδείγματα αὐτὰ εἶναι καὶ μετέχειν αὐτῶν τἆλλα κενολογεῖν ἐστὶ καὶ μεταφορὰς λέγειν ποιητικάς...ἔτι οὐ μόνον τῶν αἰσθητῶν παραδείγματα τὰ εἴδη, ἀλλὰ καὶ αὐτῶν, ὡς γένος εἰδῶν· ὥστε τὸ αὐτὸ ἔσται παράδειγμα καὶ εἰκών. 991ᵃ20.
⁷ ἔτι δὲ οἱ ἀκριβέστατοι τῶν λόγων οἱ μὲν τῶν πρός τι ποιοῦσιν ἰδέας, ὧν οὔ φασιν εἶναι καθ' αὑτὸ γένος, οἱ δὲ τὸν τρίτον ἄνθρωπον λέγουσιν. Meta. M. 5, 1079ᵃ13.

33. Aristotle's answer to this same question—What is reality?—differs more in wording than in meaning from that given by Plato. The main defect to Aristotle's eyes in the ideal theory was that Plato considered ideas as transcendant and separate from things of sense, and failed to give through them any explanation of life and change[1]. Aristotle therefore concludes that since for scientific as opposed to empirical knowledge, there must be an universal element, since individuals are unlimited and infinite, and as such unknowable[2], the idea must be not something outside the many, but rather in, and predicable of, the manifold phenomena of sense[3].

¹ καὶ τοῦτο ὀρθῶς ἐνόησεν (ὁ Σωκράτης) οὐ χωρίσας... ἄνευ μὲν γὰρ τοῦ καθόλου οὐκ ἔστιν ἐπιστήμην λαβεῖν, τὸ δὲ χωρίζειν αἴτιον τῶν συμβαινόντων δυσχερῶν περὶ τὰς ἰδέας ἐστίν. Meta. M. 9, 1086ᵇ6.
² εἴδη μὲν οὖν εἶναι ἢ ἕν τι παρὰ τὰ πολλὰ οὐκ ἀνάγκη, εἰ ἀπόδειξις ἔσται, εἶναι μέντοι ἓν κατὰ πολλῶν ἀληθὲς εἰπεῖν ἀνάγκη· οὐ γὰρ ἔσται τὸ καθόλου, ἂν μὴ τοῦτο ᾖ· ἐὰν δὲ τὸ καθόλου μὴ ᾖ, τὸ μέσον οὐκ ἔσται, ὥστ' οὐδ' ἀπόδειξις. An. Post. I. 11, 77ᵃ5.

εἰ μὲν οὖν μηθέν ἐστι παρὰ τὰ καθ' ἕκαστα, οὐθὲν ἂν εἴη νοητὸν ἀλλὰ πάντα αἰσθητά, καὶ ἐπιστήμη οὐθενός, εἰ μή τις εἶναι λέγει τὴν αἴσθησιν ἐπιστήμην. *Meta.* B. 4, 999[b]1.

[3] ἀλλ' οἱ τὰ εἴδη λέγοντες τῇ μὲν ὀρθῶς λέγουσι χωρίζοντες αὐτά, εἴπερ οὐσίαι εἰσί, τῇ δ' οὐκ ὀρθῶς, ὅτι τὸ ἓν ἐπὶ πολλῶν εἶδος λέγουσιν. αἴτιον δ' ὅτι οὐκ ἔχουσιν ἀποδοῦναι τίνες αἱ τοιαῦται οὐσίαι αἱ ἄφθαρτοι παρὰ τὰς καθ' ἕκαστα καὶ αἰσθητάς. ποιοῦσιν οὖν τὰς αὐτὰς τῷ εἴδει τοῖς φθαρτοῖς (ταύτας γὰρ ἴσμεν), αὐτοάνθρωπον καὶ αὐτόϊππον, προστιθέντες τοῖς αἰσθητοῖς τὸ ῥῆμα τὸ αὐτό. *Meta.* Z. 16, 1040[b]27.

ἐπεὶ δὲ οὐδὲ πρᾶγμα οὐθέν ἐστι παρὰ τὰ μεγέθη, ὡς δοκεῖ, τὰ αἰσθητὰ κεχωρισμένον, ἐν τοῖς εἴδεσι τοῖς αἰσθητοῖς τὰ νοητά ἐστι. *De An.* III. 8, 432[a]4.

34. Real Substance, or true Being (οὐσία), is thus to Aristotle not the abstract universal, but rather the *concrete* individual thing[1]. The Aristotelian theory of Substance is not however altogether consistent with itself: and while the teaching of the tract on Categories inclines to Nominalism, the doctrine of the Metaphysics inclines frequently towards Realism or Idealism[2]. Particularly we are struck by the apparent contradiction between the doctrine that Science and Definition deal on the one hand with the universal, on the other hand with Substance which is declared to be individual[3]. The contradiction is due to the desire, always operative with Aristotle, to state his views in such a manner as will bring them into more pronounced antagonism with the theory of Plato, and may be partly solved by regarding Substance as the concrete existence, in which a universal is individualized, or an individual universalized through its particular relations. As such a concrete (σύνολον) Substance is the merging of matter in form, of potenti-

ality in actuality. Just as knowledge proceeds from the abstract universal to the concrete individual (*Phys.* I. 1), so real existence is the gradual evolution and filling up of an original abstract substratum[4].

[1] ἔοικε γὰρ ἀδύνατον εἶναι οὐσίαν εἶναι ὁτιοῦν τῶν καθόλου λεγομένων. *Metaph.* Z. 13, 1038$^b$9.

[2] Thus in the *Categories* πρῶται οὐσίαι are said to be individual existences: in the *Metaphysics* (Z. 11, 1037$^b$2) we read ἐπὶ τῶν πρώτων οὐσιῶν, οἷον καμπυλότης. Cp. § 10.

[3] ὁ ὁρισμὸς οὐσίας τις γνωρισμός. *Anal. Post.* II. 3, 90$^b$16. (Cp. *Metaph.* Z. 5, 1031$^a$1.) τοῦ γὰρ καθόλου καὶ τοῦ εἴδους ὁ ὁρισμός. *Meta.* Z. 11, 1036$^a$29.
πᾶς γὰρ λόγος καὶ πᾶσα ἐπιστήμη τῶν καθόλου καὶ οὐ τῶν ἐσχάτων. *Meta.* K. 1, 1059$^b$25.
διὰ τοῦτο δὲ καὶ τῶν οὐσιῶν τῶν αἰσθητῶν τῶν καθ' ἕκαστα οὔθ' ὁρισμὸς οὔτ' ἀπόδειξίς ἐστιν, ὅτι ἔχουσιν ὕλην ἧς ἡ φύσις τοιαύτη ὥστ' ἐνδέχεσθαι καὶ εἶναι καὶ μή. *Meta.* Z. 15, 1039$^b$29.

[4] ἡ οὐσία γάρ ἐστι τὸ εἶδος τὸ ἐνὸν ἐξ οὗ καὶ τῆς ὕλης ἡ σύνολος λέγεται οὐσία οἷον ἡ κοιλότης· ἐκ γὰρ ταύτης καὶ τῆς ῥινὸς σιμὴ ῥὶς καὶ ἡ σιμότης ἐστί· δὶς γὰρ ἐν τούτοις ὑπάρξει ἡ ῥίς. ἐν δὲ τῇ συνόλῳ οὐσίᾳ οἷον ῥινὶ σιμῇ ἢ Καλλίᾳ, ἐνέσται καὶ ἡ ὕλη. *Meta.* Z. 11, 1037$^a$29.
λέγεται δ' ὥσπερ τὸ ὑποκείμενον οὐσία εἶναι καὶ τό τί ἦν εἶναι καὶ τὸ ἐκ τούτων, καὶ τὸ καθόλου. *Meta.* Z. 13, 1038$^b$2.

35. Matter (ὕλη) is used by Aristotle in four principal senses, which however tend to glide into one another. *First*, it is the substratum of varying determinations, the subject of growth and of decay[1]; *secondly*, it is the potential which has implicitly the capacity to develop into reality[2]; *thirdly*, it is the formless and so indeterminate and contingent[3]; and thus *fourthly*, as that which is

*without* any definite form (ἀόριστον), it is almost synonymous with negation (στέρησις)[4]. It is altogether a relative conception, and hence matter in its last phase is identical with form[5].

[1] ἔστι δὲ ὕλη μάλιστα μὲν καὶ κυρίως τὸ ὑποκείμενον γενέσεως καὶ φθορᾶς δεκτικόν. (*De Gen. et Cor.* I. 4, 320ᵃ2.) λέγω γὰρ ὕλην τὸ πρῶτον ὑποκείμενον ἑκάστῳ, ἐξ οὗ γίνεταί τι ἐνυπάρχοντος μὴ κατὰ συμβεβηκός. *Phys.* I. 9, 192ᵃ31.

[2] ὕλην δὲ λέγω ἢ μὴ τόδε τι οὖσα ἐνεργείᾳ, δυνάμει ἐστὶ τόδε τι. *Meta.* H. 1, 1042ᵃ27: cp. *Meta.* N. 4, 1092ᵃ3.

[3] λέγω δ' ὕλην ἢ καθ' αὑτὴν μήτε τὶ μήτε ποσὸν μήτε ἄλλο μηθὲν λέγεται οἷς ὥρισται τὸ ὄν. *Meta.* Z. 3, 1029ᵃ20. So in *Phys.* I. 7, 191ᵃ10 Aristotle combines ἡ ὕλη καὶ τὸ ἄμορφον and in *Meta.* A. 8, 989ᵇ18, we have ὕλη described as τὸ ἀόριστον πρὶν ὁρισθῆναι καὶ μετασχεῖν εἴδους τινός.

ἡ ὕλη ἔσται αἰτία ἡ ἐνδεχομένη παρὰ τὸ ὡς ἐπὶ τὸ πολὺ ἄλλως τοῦ συμβεβηκότος. *Meta.* E. 2, 1027ᵃ14. Cp. *De An.* II. 1, 412ᵃ7.

[4] Thus in *Phys.* I. 7, 190ᵇ27, στέρησις is said to be a συμβεβηκὸς of ὕλη. Cp. *Meta.* I. 8, 1058ᵃ23, ἡ γὰρ ὕλη ἀποφάσει δηλοῦται, τὸ δὲ γένος ὕλη οὗ λέγεται γένος. And in *Phys.* I. 8, 191ᵇ13, A. writes: ἡμεῖς δὲ καὶ αὐτοί φαμεν γίγνεσθαι μὲν οὐδὲν ἁπλῶς ἐκ μὴ ὄντος, ὅμως μέντοι γίγνεσθαι ἐκ μὴ ὄντος, οἷον κατὰ συμβεβηκός· ἐκ γὰρ τῆς στερήσεως, ὃ ἔστι καθ' αὑτὸ μὴ ὄν, οὐκ ἐνυπάρχοντος γίγνεταί τι. But in the next chapter, 192ᵃ5, a distinction is drawn between ὕλη and στέρησις to the effect that ὕλη is non-existent only κατὰ συμβεβηκός, while στέρησις is so καθ' αὑτήν.

[5] ἔστι δὲ τῆς ὕλης ἡ μὲν νοητὴ ἡ δ' αἰσθητή, καὶ ἀεὶ τοῦ λόγου τὸ μὲν ὕλη τὸ δ' ἐνέργειά ἐστιν, οἷον ὁ κύκλος σχῆμα ἐπίπεδον. ἔστι δ' ὥσπερ εἴρηται καὶ ἡ ἐσχάτη ὕλη καὶ ἡ μορφὴ ταὐτό, τὸ μὲν δυνάμει, τὸ δὲ ἐνεργείᾳ. *Meta.* H. 6, 1045ᵃ33.

36. The antithesis of δύναμις and ἐνέργεια is really the same as that of ὕλη and εἶδος, except that whereas the two last are conceived as fixed and stationary, the two first-named are regarded as dynamical and progressive, and ἐνέργεια is strictly only the *process* which attains its termination in a final perfection or ἐντελέχεια[1]. The distinction cannot perhaps be logically defined but can be made clear by observation of particular instances and may be illustrated by the relation between the architect and builder, the sleeping and the waking, &c. (Δυνάμεις may be either conscious or unconscious, the former admitting of alternative courses of action, the latter, or the capacities of nature, of one only[2].) The theory of a continuous development from the possible to the actual, from that which is not yet, but has the power of being, to that which really is, is one of the most important aspects of the philosophy of Aristotle. It was intended by its author to solve the difficulties which earlier thinkers had raised with reference to the beginnings of existence and the relations of the one and many—difficulties which in the last-named connection had led to a denial of all predication[3]. But while Aristotle thus recognises the genesis of things by evolution and development, he does not fail to distinguish between the study of an object from the standpoint of *history*, and the standpoint of its constitutive *nature*, and to emphasize the fact that while in the order of time a capacity or imperfect form precedes a realized activity or perfect condition, in the order of thought and of real existence, the perfect precedes the imperfect, the whole the part, the realized the possible[4].

[1] ἔστι δ' ἡ ἐνέργεια τὸ ὑπάρχειν τὸ πρᾶγμα, μὴ οὕτως ὥσπερ λέγομεν δυνάμει (λέγομεν δὲ δυνάμει οἷον ἐν τῷ ξύλῳ

Ἑρμῆν καὶ ἐν τῇ ὅλῃ τὴν ἡμίσειαν...). τὸ δ' ἐνεργείᾳ δῆλον ἐπὶ τῶν καθ' ἕκαστα τῇ ἐπαγωγῇ (observation) ὃ βουλόμεθα λέγειν, καὶ οὐ δεῖ παντὸς ὅρον ζητεῖν ἀλλὰ καὶ τὸ ἀνάλογον συνορᾶν, ὅτι ὡς τὸ οἰκοδομοῦν πρὸς τὸ οἰκοδομικόν, καὶ τὸ ἐγρηγορὸς πρὸς τὸ καθεῦδον, καὶ τὸ ὁρῶν πρὸς τὸ μύον μὲν ὄψιν δὲ ἔχον. *Meta.* Θ. 6, 1048[a]30.
τοὔνομα ἐνέργεια λέγεται κατὰ τὸ ἔργον, καὶ συντείνει πρὸς τὴν ἐντελέχειαν. *Meta.* Θ. 8, 1050[a]23.
[2] καὶ αἱ μὲν μετὰ λόγου πᾶσαι τῶν ἐναντίων αἱ αὐταί, αἱ δ' ἄλογοι μία ἑνός, οἷον τὸ θερμὸν τοῦ θερμαίνειν μόνον, ἡ δὲ ἰατρικὴ νόσου καὶ ὑγιείας. *Meta.* Θ. 2, 1046[b]5.
[3] μοναχῶς οὕτω λύεται καὶ ἡ τῶν ἀρχαίων ἀπορία, viz. that things could originate neither from the existent nor from the non-existent...ἐκ γὰρ τῆς στερήσεως, ὅ ἐστι καθ' αὑτὸ μὴ ὄν, οὐκ ἐνυπάρχοντος γίγνεταί τι. *Phys.* I. 8, 191[a]23.

εἰσὶ δέ τινες οἵ φασιν, οἷον οἱ Μεγαρικοί, ὅταν ἐνεργῇ μόνον δύνασθαι, ὅταν δὲ μὴ ἐνεργῇ οὐ δύνασθαι, οἷον τὸν μὴ οἰκοδομοῦντα οὐ δύνασθαι οἰκοδομεῖν, ἀλλὰ τὸν οἰκοδομοῦντα ὅταν οἰκοδομῇ· ὁμοίως δὲ καὶ ἐπὶ τῶν ἄλλων· οἷς τὰ συμβαίνοντα ἄτοπα οὐ χαλεπὸν ἰδεῖν...ὥστε οὗτοι οἱ λόγοι ἐξαιροῦσι καὶ κίνησιν καὶ γένεσιν· ἀεὶ γὰρ τό τε ἑστηκὸς ἑστήξεται καὶ τὸ καθήμενον καθεδεῖται. *Meta.* Θ. 3, 1047[a]14.
[4] δεῖ δὲ μὴ λεληθέναι πότερον προσήκει λέγειν πῶς ἕκαστον γίνεσθαι πέφυκε μᾶλλον ἢ πῶς ἔστιν. ἡ γὰρ γένεσις ἕνεκα τῆς οὐσίας ἐστίν, ἀλλ' οὐκ ἡ οὐσία ἕνεκα τῆς γενέσεως· γεννᾷ γὰρ ὁ ἄνθρωπος ἄνθρωπον. *De Part. An.* 640[a]18, cp. *De Gen. An.* v. 1, 778[b]5.
τὸ ἀτελὲς μέγεθος γενέσει μὲν πρότερόν ἐστι, τῇ οὐσίᾳ δ' ὕστερον, οἷον ἄψυχον ἐμψύχου. *Meta.* M. 3, 1077[a]19.

37. The Aristotelian analysis of existence into δύναμις and ἐνέργεια, or ὕλη and εἶδος, is expressed with more detail in the doctrine of the four ἀρχαί or αἰτίαι—that is, principles which enter into the existence or origination or cognition of any object[1]. These four ἀρχαί are 1st, the material cause, or elements *out of*

*which* an object is created: 2ndly, the efficient, or means *by which* it is created: 3rdly, the formal, or expression of *what* it is: and 4thly, the final, or end *for which* it is[2]. The final, however, tends to be one with the formal, and both may be identical with the efficient. Of the four, it is the formal and final which is the most important, and which most truly gives the explanation of an object. The teleology of Aristotle regards the end of a thing as realized not in its relation to us, but in the full perfection of itself: final cause with Aristotle is internal and objective, not external and subjective[3].

[1] πασῶν μὲν οὖν κοινὸν τῶν ἀρχῶν τὸ πρῶτον εἶναι ὅθεν ἢ ἔστιν ἢ γίγνεται ἢ γιγνώσκεται. *Meta.* Δ. 1, 1013ᵃ18.

[2] ἕνα μὲν οὖν τρόπον αἴτιον λέγεται τὸ ἐξ οὗ γίνεταί τι ἐνυπάρχοντος, οἷον ὁ χάλκος τοῦ ἀνδριάντος...ἄλλον δὲ τὸ εἶδος καὶ τὸ παράδειγμα...ἔτι ὅθεν ἡ ἀρχὴ τῆς μεταβολῆς ἡ πρώτη ἢ τῆς ἠρεμήσεως, οἷον ὁ βουλεύσας αἴτιος καὶ ὁ πάτηρ τοῦ τέκνου...ἔτι ὡς τὸ τέλος· τοῦτο δ' ἐστὶ τὸ οὗ ἕνεκα, οἷον τοῦ περιπατεῖν ἡ ὑγίεια. *Phys.* II. 3, 194ᵇ24, and in almost identical words *Meta.* Δ. 2, 1013ᵃ24, *Phys.* II. 7, 198ᵃ24.

[3] ἐπεὶ πλείους ὁρῶμεν αἰτίας περὶ τὴν γένεσιν τὴν φυσικὴν...διοριστέον καὶ περὶ τούτων ποία πρώτη καὶ δευτέρα πέφυκεν. φαίνεται δὲ πρώτη ἣν λέγομεν ἕνεκά τινος· λόγος γὰρ οὗτος, ἀρχὴ δ' ὁ λόγος ὁμοίως ἔν τε τοῖς κατὰ τέχνην καὶ ἐν τοῖς φύσει συνεστηκόσιν. ἢ γὰρ τῇ διανοίᾳ ἢ τῇ αἰσθήσει ὁρισάμενος ὁ μὲν ἰατρὸς τὴν ὑγίειαν, ὁ δ' οἰκοδόμος τὴν οἰκίαν, ἀποδιδόασι τοὺς λόγους καὶ τὰς αἰτίας οὗ ποιοῦσιν ἑκάστου, καὶ διότι ποιητέον οὕτως. *De Part. Anim.* I. 639ᵇ11.

38. The concrete reality which constitutes substance gains special expression in the phrase τὸ τί ἦν εἶναι. The phrase would seem to have originated in a combination of τὸ εἶναι and τί ἐστι, but the conception was taken

outside the limits of present time by the substitution of the past for the present; it is as the "being of what a thing was," not only its actual present condition but its eternal and essential constitution. Thus τὸ τί ἦν εἶναι means the manifestation of the general notion: and it is therefore most explicitly described as οὐσία ἄνευ ὕλης— *i.e.*, Substance free from all indeterminateness and contingency[1]. It is therefore preeminently the subject of definition.

[1] καὶ πρῶτον εἴπωμεν ἔνια περὶ αὐτοῦ λογικῶς, ὅτι ἔστι τὸ τί ἦν εἶναι ἑκάστῳ ὃ λέγεται καθ᾽ αὐτό. οὐ γάρ ἐστι τὸ σοὶ εἶναι τὸ μουσικῷ εἶναι· οὐ γὰρ κατὰ σαυτὸν εἶ μουσικός. *Meta.* Z. 4, 1029$^b$14. Thus chapter 6 points out that in essential conceptions the τὸ τί ἦν εἶναι of the conception is identical with the conception itself, but this is not the case with those which are accidental. ἀνάγκη ἄρα ἓν εἶναι τὸ ἀγαθὸν καὶ ἀγαθῷ εἶναι καὶ καλὸν καὶ καλῷ εἶναι, ὅσα μὴ κατ᾽ ἄλλο λέγεται, ἀλλὰ καθ᾽ αὑτὰ καὶ πρῶτα. 1031$^b$12. λέγω δὲ οὐσίαν ἄνευ ὕλης τὸ τί ἦν εἶναι. *Meta.* Z. 7, 1032$^b$14. So also *De An.* II. 1, 412$^b$11 ψυχή is said to be the τ. η. ε. of the body, and in 1043$^b$1 we have τὸ γὰρ τί ἦν εἶναι τῷ εἴδει καὶ τῇ ἐνεργείᾳ ὑπάρχει. ψυχὴ μὲν γὰρ καὶ ψυχῇ εἶναι ταὐτόν.

39. God to Aristotle is the first of all substances, the necessary first source of movement who is himself unmoved: a being with everlasting life, and perfect blessedness, engaged in never-ending self-contemplation: acting on the world as the primary object of love in which desire and reason fall into unity[1]. The moral virtues are too dependent on material, bodily and terrestrial conditions to be ascribed to God: but the perfect simplicity and immutability of his nature brings him the purest and serenest pleasure[2].

[1] ἐπεὶ δὲ δεῖ κίνησιν ἀεὶ εἶναι καὶ μὴ διαλείπειν, ἀνάγκη εἶναί τι ὃ πρῶτον κινεῖ, εἴτε ἓν εἴτε πλείω, καὶ τὸ πρῶτον κινοῦν ἀκίνητον. *Phys.* VIII. 6, 258$^b$10.

ἔστι τι ὃ οὐ κινούμενον κινεῖ, ἀΐδιον καὶ οὐσία καὶ ἐνέργεια οὖσα· κινεῖ δὲ ὧδε τὸ ὀρεκτόν, καὶ τὸ νοητὸν κινεῖ οὐ κινούμενον. τούτων τὰ πρῶτα τὰ αὐτά....κινεῖ δὲ ὡς ἐρώμενον, κινούμενον δὲ τἆλλα κινεῖ...ἐκ τοιαύτης ἄρα ἀρχῆς ἤρτηται ὁ οὐρανὸς καὶ ἡ φύσις. διαγωγὴ δ᾽ ἐστὶν οἵα ἡ ἀρίστη μικρὸν χρόνον ἡμῶν...φάμεν δὲ τὸν θεὸν εἶναι ζῷον ἀΐδιον ἄριστον, ὥστε ζωὴ καὶ αἰὼν συνεχὴς καὶ ἀΐδιος ὑπάρχει τῷ θεῷ. τοῦτο γὰρ ὁ θεός...ὅτι μὲν οὖν ἐστὶν οὐσία τις ἀΐδιος καὶ ἀκίνητος καὶ κεχωρισμένη τῶν αἰσθητῶν, φανερὸν ἐκ τῶν εἰρημένων. (*Meta.* Λ. 7, 1072$^a$25.) αὐτὸν ἄρα νοεῖ, εἴπερ ἐστὶ τὸ κράτιστον, καὶ ἔστιν ἡ νόησις νοήσεως νόησις. *Meta.* Λ. 9, 1074$^b$34.

[2] τοὺς θεοὺς γὰρ μάλιστα ὑπειλήφαμεν μακαρίους καὶ εὐδαίμονας εἶναι· πράξεις δὲ ποίας ἀπονεῖμαι χρεὼν αὐτοῖς;... διεξιοῦσι πάντα φαίνοιτ᾽ ἂν τὰ περὶ τὰς πράξεις μικρὰ καὶ ἀνάξια θεῶν....τῷ δὴ ζῶντι, τοῦ πράττειν ἀφαιρουμένου, ἔτι δὲ μᾶλλον τοῦ ποιεῖν, τί λείπεται πλὴν θεωρία; ὥστε ἡ τοῦ θεοῦ ἐνέργεια, μακαριότητι διαφέρουσα, θεωρητικὴ ἂν εἴη. *Eth. Nic.* X. 8, 1178$^b$9.

εἴ του ἡ φύσις ἁπλῆ εἴη, ἀεὶ ἡ αὐτὴ πρᾶξις ἡδίστη ἔσται. διὸ ὁ θεὸς ἀεὶ μίαν καὶ ἁπλῆν χαίρει ἡδονήν· οὐ γὰρ μόνον κινήσεώς ἐστιν ἐνέργεια, ἀλλὰ καὶ ἀκινησίας, καὶ ἡδονὴ μᾶλλον ἐν ἠρεμίᾳ ἐστὶν ἢ ἐν κινήσει. *Eth. Nic.* VII. 14, 1154$^b$25.

# CHAPTER V.

## PHILOSOPHY OF NATURE.

40. Aristotle's Philosophy of Nature (φυσική) considers existence not in itself, but in so far as it participates in movement[1]. Its province is the actual sensible reality in which λόγος—thought and idea—is wrapped up in ὕλη, matter: but the student of nature should possess a knowledge not only of the matter, but also and to a greater degree of the idea which regulates this matter[2]. The φυσικός in fact will embrace in his explanation of an object all its four causes, and thus grasp it in its comprehensive concreteness[3]. To study a phenomenon φυσικῶς is thus with Aristotle to study it in the concrete, just as to do so λογικῶς is to study it in the abstract and without reference to facts[4]. And he notes accordingly that while those who have been more occupied with natural phenomena are better able to frame comprehensive principles which will give a wide-spread unity to nature, merely logical or verbal reasoners, neglecting the facts and attending only to some few points, find it easier to enunciate a theory.

---

[1] τῇ φυσικῇ μὲν γὰρ οὐχ ᾗ ὄντα, μᾶλλον δ' ᾗ κινήσεως μετέχει, τὴν θεωρίαν τις ἀπονείμειεν ἄν. *Meta.* K. 3,1061[b]6.

ἡ φυσικὴ θεωρητική τις ἂν εἴη, ἀλλὰ θεωρητικὴ περὶ τοιοῦτον ὂν ὃ ἐστι δυνατὸν κινεῖσθαι καὶ περὶ οὐσίαν τὴν κατὰ τὸν λόγον ὡς ἐπὶ τὸ πολὺ οὐ χωριστὴν μόνον......εἰ δὴ πάντα τὰ φυσικὰ ὁμοίως τῷ σιμῷ λέγονται, οἷον ῥίς, ὀφθαλμός, πρόσωπον, σάρξ, ὀστοῦν, ὅλως ζῷον...(οὐθενὸς γὰρ ἄνευ κινήσεως ὁ λόγος αὐτῶν ἀλλ' ἀεὶ ἔχει ὕλην) δῆλον πῶς δεῖ ἐν τοῖς φυσικοῖς τὸ τί ἐστι ζητεῖν καὶ ὁρίζεσθαι, καὶ διότι καὶ περὶ ψυχῆς ἐνίας θεωρῆσαι τοῦ φυσικοῦ, ὅση μὴ ἄνευ τῆς ὕλης ἐστίν. *Meta.* E. 1, 1025ᵇ26.

² οὐ γὰρ μόνον περὶ τῆς ὕλης δεῖ γνωρίζειν τὸν φυσικόν, ἀλλὰ καὶ τῆς κατὰ τὸν λόγον καὶ μᾶλλον. *Meta.* Z. 11, 1037ᵃ16.

³ ἐπεὶ δ' αἱ αἰτίαι τέτταρες, περὶ πασῶν τοῦ φυσικοῦ εἰδέναι καὶ εἰς πάσας ἀνάγων τὸ διὰ τί ἀποδώσει φυσικῶς, τὴν ὕλην, τὸ εἶδος, τὸ κινῆσαν, τὸ οὗ ἕνεκα. *Phys.* II. 7, 198ᵃ23.

⁴ διὸ ὅσοι ἐνῳκήκασι μᾶλλον ἐν τοῖς φυσικοῖς, μᾶλλον δύνανται ὑποτίθεσθαι τοιαύτας ἀρχὰς αἳ ἐπὶ πολὺ δύνανται συνείρειν (*i.e.* principles which can to a great degree connect phenomena): οἱ δ' ἐκ τῶν πολλῶν λόγων ἀθεώρητοι τῶν ὑπαρχόντων ὄντες (who as a result of many theories fail to observe the actual facts), πρὸς ὀλίγα βλέψαντες, ἀποφαίνονται ῥᾷον· ἴδοι δ' ἄν τις καὶ ἐκ τούτων ὅσον διαφέρουσιν οἱ φυσικῶς καὶ λογικῶς σκοποῦντες. *De Gen. et Cor.* I. 2, 316ᵃ10.

41. Nature (φύσις) to Aristotle is what is at once intrinsically spontaneous, self-determined and uniform in its mode of action. It is opposed therefore to accidental spontaneity (τὸ αὐτόματον) and chance (τύχη), spontaneity referring to eccentric uncaused results in things as such, chance referring to unexpected issues in things in regard to man. Nature as the self-producing and the self-determined is thus opposed to art in that while art is an originating principle in something outside itself, nature is so within itself[1]. As such, it is at once the original

primary substratum, and the formed and perfect state of development[2]. It is in this second sense that the State is a *natural* institution[3].

[1] τὰ μὲν φύσει ὄντα πάντα φαίνεται ἔχοντα ἐν ἑαυτοῖς ἀρχὴν κινήσεως καὶ στάσεως, τὰ μὲν κατὰ τόπον, τὰ δὲ κατ' αὔξησιν καὶ φθίσιν, τὰ δὲ κατ' ἀλλοίωσιν. *Phys.* II. 1, 192ᵇ 14.
ἡ μὲν οὖν τέχνη ἀρχὴ ἐν ἄλλῳ, ἡ δὲ φύσις ἀρχὴ ἐν αὐτῷ. ἄνθρωπος γὰρ ἄνθρωπον γεννᾷ. *Meta.* Λ. 3, 1070ᵃ6.
φύσει γὰρ ὅσα ἀπό τινος ἐν αὐτοῖς ἀρχῆς συνεχῶς κινούμενα ἀφικνεῖται εἴς τι τέλος......ἡ γὰρ τύχη τῶν κατὰ συμβεβηκὸς αἰτίων· ἀλλ' ὅταν τοῦτο ἀεὶ ἢ ὡς ἐπὶ τὸ πολὺ γίγνηται, οὐ συμβεβηκὸς οὐδ' ἀπὸ τύχης· ἐν δὲ τοῖς φυσικοῖς ἀεὶ οὕτως, ἂν μή τι ἐμποδίσῃ...μάλιστα δὲ δῆλον ὅταν τις ἰατρεύῃ αὐτὸς ἑαυτόν· τούτῳ γὰρ ἔοικεν ἡ φύσις. *Phys.* II. 8, 199ᵇ15. Cp. *De Cael.* III. 2, 301ᵇ17.

[2] ἕνα μὲν οὖν τρόπον οὕτως ἡ φύσις λέγεται, ἡ πρώτη ἑκάστῳ ὑποκειμένη ὕλη τῶν ἐχόντων ἐν αὑτοῖς ἀρχὴν κινήσεως καὶ μεταβολῆς, ἄλλον δὲ τρόπον ἡ μορφὴ καὶ τὸ εἶδος τὸ κατὰ τὸν λόγον...τὸ γὰρ δυνάμει σὰρξ ἢ ὀστοῦν οὔτ' ἔχει πω τὴν ἑαυτοῦ φύσιν πρὶν ἂν λάβῃ τὸ εἶδος τὸ κατὰ τὸν λόγον. *Phys.* II. 1, 193ᵃ28.
φύσις δὲ ἥ τε πρώτη ὕλη...καὶ τὸ εἶδος καὶ ἡ οὐσία· τοῦτο δὲ ἐστὶ τὸ τέλος τῆς γενέσεως. *Meta.* Δ. 4, 1015ᵃ7.

[3] διὸ πᾶσα πόλις φύσει ἐστίν, εἴπερ καὶ αἱ πρῶται κοινωνίαι· τέλος γὰρ αὕτη ἐκείνων, ἡ δὲ φύσις τέλος ἐστίν. οἷον γὰρ ἕκαστόν ἐστι τῆς γενέσεως τελεσθείσης, ταύτην φαμὲν τὴν φύσιν εἶναι ἑκάστου, ὥσπερ ἀνθρώπου, ἵππου, οἰκίας. *Polit.* I. 1, 1252ᵇ30.

42. Movement (κίνησις) is the mode in which potential being is continually actualizing itself in the world of nature[1]. Of movement, Aristotle recognises three kinds, quantitative (increase and decrease), qualitative (alteration) and spatial (locomotion)[2]—all of which, however, reduce to that last-mentioned, since even γένεσις

and φθορά, as forms of σύγκρισις and διάκρισις, necessarily involve space[3].

[1] διῃρημένου δὲ καθ' ἕκαστον γένος τοῦ μὲν ἐντελεχείᾳ, τοῦ δὲ δυνάμει, ἡ τοῦ δυνάμει ὄντος ἐντελέχεια, ᾗ τοιοῦτον, κίνησίς ἐστιν, οἷον τοῦ μὲν ἀλλοιωτοῦ, ᾗ ἀλλοιωτόν, ἀλλοίωσις. *Phys*. III. 1, 201ᵃ10.

[2] εἰ οὖν αἱ κατηγορίαι διῄρηνται οὐσίᾳ καὶ ποιότητι καὶ τῷ ποῦ καὶ τῷ ποτὲ καὶ τῷ πρός τι καὶ τῷ ποσῷ καὶ τῷ ποιεῖν ἢ πάσχειν, ἀνάγκη τρεῖς εἶναι κινήσεις, τήν τε τοῦ ποιοῦ καὶ τὴν τοῦ ποσοῦ καὶ τὴν κατὰ τόπον. (*Phys*. V. 1, 225ᵇ9)...ἡ μὲν οὖν κατὰ τόπον φορά, ἡ δὲ κατὰ τὸ ποιὸν ἀλλοίωσις, ἡ δὲ κατὰ τὸ ποσὸν αὔξησις καὶ φθίσις. *Phys*. VII. 2, 243ᵃ8.

[3] τριῶν δ' οὐσῶν κινήσεων, τῆς τε κατὰ μέγεθος καὶ τῆς κατὰ πάθος καὶ τῆς κατὰ τόπον, ἣν καλοῦμεν φοράν, ταύτην ἀναγκαῖον εἶναι πρώτην. ἀδύνατον γὰρ αὔξησιν εἶναι ἀλλοιώσεως μὴ προϋπαρχούσης. ἀλλὰ μὴν εἴ γε ἀλλοιοῦται, δεῖ τι εἶναι τὸ ἀλλοιοῦν καὶ ποιοῦν ἐκ τοῦ δυνάμει θερμοῦ τὸ ἐνεργείᾳ θερμόν. δῆλον οὖν ὅτι τὸ κινοῦν οὐχ ὁμοίως ἔχει, ἀλλ' ὁτὲ μὲν ἐγγύτερον ὁτὲ δὲ πορρώτερον τοῦ ἀλλοιουμένου ἐστίν. ταῦτα δ' ἄνευ φορᾶς οὐκ ἐνδέχεται ὑπάρχειν. (*Phys*. VIII. 7, 260ᵃ28.) καὶ τῆς κινήσεως ἡ κοινὴ μάλιστα καὶ κυριωτάτη κατὰ τόπον ἐστίν, ἣν καλοῦμεν φοράν. *Phys*. IV. 1, 208ᵃ31.

43. Space (τόπος) is a necessary concomitant of sensible existence[1]; and is therefore not to be resolved into body, either as matter or as form[2], because space remains after the body is destroyed; and two bodies, were space body, would be in the same place[3]. Nor again can it be identified with the interval between the extremities of body, for this changes with the bodies: whereas space continues the same whatever may go on within it. It is therefore the first and unmoved limit of the enclosing as against the enclosed[4].

[1] ἔτι οἱ τὸ κενὸν φάσκοντες εἶναι τόπον λέγουσιν· τὸ γὰρ κενὸν τόπος ἂν εἴη ἐστερημένος σώματος. ὅτι μὲν οὖν ἔστι τι ὁ τόπος παρὰ τὰ σώματα, καὶ πᾶν σῶμα αἰσθητὸν ἐν τόπῳ, διὰ τούτων ἄν τις ὑπολάβοι. *Phys.* IV. 1, 208$^b$25.

[2] τὸ μὲν γὰρ εἶδος καὶ ἡ ὕλη οὐ χωρίζεται τοῦ πράγματος, τὸν δὲ τόπον ἐνδέχεται· ἐν ᾧ γὰρ ἀὴρ ἦν, ἐν τούτῳ πάλιν ὕδωρ, ὥς ἔφαμεν, γίνεται...καὶ γὰρ δοκεῖ τοιοῦτό τι εἶναι ὁ τόπος οἷον τὸ ἀγγεῖον· ἔστι γὰρ τὸ ἀγγεῖον τόπος μεταφορητός· τὸ δ' ἀγγεῖον οὐδὲν τοῦ πράγματός ἐστιν. 209$^b$23.

[3] οὐ γὰρ ἀπόλλυται ὁ τόπος τῶν ἐν αὐτῷ φθειρομένων. ἀδύνατον δὲ σῶμα εἶναι τὸν τόπον· ἐν ταὐτῷ γὰρ ἂν εἴη δύο σώματα. 209$^a$2.

[4] ἔστι δ' ὥσπερ τὸ ἀγγεῖον τόπος μεταφορητός, οὕτω καὶ ὁ τόπος ἀγγεῖον ἀμετακίνητον...ὥστε τὸ τοῦ περιέχοντος πέρας ἀκίνητον πρῶτον, τοῦτ' ἔστιν ὁ τόπος. *Phys.* IV. 4, 212$^a$15.

44. Time is referred by Aristotle to our consciousness of a succession in our thoughts, and a sense of difference between the events of our experience—it is not observed when we are conscious of no change—and is described as a numeration of movement as to its priority and posteriority[1]. Like space it is a universal concomitant of real existence. Being what is numbered, it necessarily involves a numberer, that is, a conscious mind[2].

[1] ὅταν γὰρ μηδὲν αὐτοὶ μεταβάλλωμεν τὴν διάνοιαν ἢ λάθωμεν μεταβάλλοντες, οὐ δοκεῖ ἡμῖν γεγονέναι χρόνος, καθάπερ οὐδὲ τοῖς ἐν Σαρδοῖ μυθολογουμένοις καθεύδειν παρὰ τοῖς ἥρωσιν, ὅταν ἐγερθῶσιν...εἰ δὴ τὸ μὴ οἴεσθαι εἶναι χρόνον τότε συμβαίνει ἡμῖν, ὅταν μὴ ὁρίζωμεν μηδεμίαν μεταβολήν, ἀλλ' ἐν ἑνὶ καὶ ἀδιαιρέτῳ φαίνηται ἡ ψυχὴ μένειν, ὅταν δ' αἰσθώμεθα καὶ ὁρίσωμεν, τότε φαμὲν γεγονέναι χρόνον, φανερὸν ὅτι οὐκ ἔστιν ἄνευ κινήσεως καὶ μεταβολῆς χρονός (*Phys.* IV. 11, 218$^b$22). καὶ τότε φαμὲν γεγονέναι χρόνον, ὅταν τοῦ προτέρου καὶ ὑστέρου ἐν τῇ κινήσει αἴσθησιν

λάβωμεν...τοῦτο γάρ ἐστιν ὁ χρόνος ἀριθμὸς κινήσεως κατὰ τὸ πρότερον καὶ ὕστερον. 219$^b$1.

² εἰ δὲ μηδὲν ἄλλο πέφυκεν ἀριθμεῖν ἢ ψυχὴ καὶ ψυχῆς νοῦς, ἀδύνατον εἶναι χρόνον ψυχῆς μὴ οὔσης. *Phys.* IV. 14, 223$^a$25.

εἰ οὖν ἀδύνατον ἔστι καὶ εἶναι καὶ νοῆσαι χρόνον ἄνευ τοῦ νῦν, τὸ δὲ νῦν ἐστι μεσότης τις, καὶ ἀρχὴν καὶ τελευτὴν ἔχον ἅμα, ἀρχὴν μὲν τοῦ ἐσομένου χρόνου, τελευτὴν δὲ τοῦ παρελθόντος, ἀνάγκη ἀεὶ εἶναι χρόνον· τὸ γὰρ ἔσχατον τοῦ τελευταίου ληφθέντος χρόνου ἔν τινι τῶν νῦν ἔσται. *Phys.* VIII. 1, 251$^b$20.

45. Time, Aristotle sees, is necessarily eternal, since without it the conception of before and after would be impossible. But if time be eternal, movement is necessarily so also[1]. And this same result is evident for other reasons. One such reason is that every movement really presupposes *ad infinitum* the existence of a prior movement[2]. A more detailed proof shews that if movement had once begun, a moving factor and a moved must either have or have not existed before this beginning: and hence deduces the need of perpetually assuming movement[3]. Movement is therefore without beginning and without end: and the world itself it follows is eternal, neither coming into nor passing out of being[4].

[1] πρὸς δὲ τούτοις τὸ πρότερον καὶ ὕστερον πῶς ἔσται χρόνου μὴ ὄντος; ἢ ὁ χρόνος μὴ οὔσης κινήσεως; εἰ δή ἐστιν ὁ χρόνος κινήσεως ἀριθμὸς ἢ κίνησίς τις, εἴπερ ἀεὶ χρόνος ἐστίν, ἀνάγκη καὶ κίνησιν ἀίδιον εἶναι. *Phys.* VIII. 1, 251$^b$10.

[2] ὥστε ἀνάγκη τὸ μεταβεβληκὸς μεταβάλλειν καὶ τὸ μεταβάλλον μεταβεβληκέναι, καὶ ἔστι τοῦ μὲν μεταβάλλειν τὸ μεταβεβληκέναι πρότερον, τοῦ δὲ μεταβεβληκέναι τὸ μεταβάλλειν καὶ οὐδέποτε ληφθήσεται τὸ πρῶτον. *Phys.* VI. 6, 237$^b$3.

## PHILOSOPHY OF NATURE. 81

³ εἰ μὲν τοίνυν ἐγένετο (began to exist) τῶν κινητῶν ἕκαστον, ἀναγκαῖον πρότερον τῆς ληφθείσης ἄλλην γενέσθαι μεταβολὴν καὶ κίνησιν καθ' ἣν ἐγένετο τὸ δυνατὸν κινηθῆναι ἢ κινῆσαι. εἰ δ' ὄντα προϋπῆρχεν ἀεὶ (existed from the beginning) κινήσεως μὴ οὔσης, ἄλογον μὲν φαίνεται καὶ αὐτόθεν ἐπιστήσασιν, οὐ μὴν ἀλλὰ μᾶλλον ἔτι προιοῦσι τοῦτο συμβαίνειν ἀναγκαῖον. εἰ γὰρ τῶν μὲν κινητῶν ὄντων τῶν δὲ κινητικῶν ὁτὲ μὲν ἔσται τι πρῶτον κινοῦν τὸ δὲ κινούμενον, ὁτὲ δ' οὐθέν, ἀλλ' ἠρεμεῖ, ἀναγκαῖον τοῦτο μεταβάλλειν πρότερον· ἦν γάρ τι αἴτιον τῆς ἠρεμίας· ἡ γὰρ ἠρέμησις στέρησις τῆς κινήσεως. ὥστε πρὸ τῆς πρώτης μεταβολῆς ἔσται μεταβολὴ προτέρα. *Phys.* VIII. 1, 251ᵃ17.

⁴ ὅτι μὲν οὖν οὔτε γέγονεν ὁ πᾶς οὐρανὸς οὔτε ἐνδέχεται φθαρῆναι, καθάπερ τινές φασιν αὐτόν, ἀλλ' ἔστιν εἷς καὶ ἀΐδιος, ἀρχὴν μὲν καὶ τελευτὴν οὐκ ἔχων τοῦ παντὸς αἰῶνος, ἔχων δὲ καὶ περιέχων ἐν αὑτῷ τὸν ἄπειρον χρόνον, ἐκ τῶν εἰρημένων ἔξεστι λαβεῖν τὴν πίστιν. *De Caelo* II. 1, 283ᵇ26.

46. Movement however, while thus from one aspect unending, is found on the other hand to presuppose an original principle of movement which remains essentially unmoved—a causal actuality which is as eternal as movement itself[1]. For causation, whether efficient or final, involves ultimately a cause which is neither a secondary end nor a derivative agent[2]. Such a first principle of movement as essentially pure activity must be absolutely immaterial and invariable[3]. Thought therefore is the presupposition of the world: and nature is an organic whole in which everything attests an order and a reign of law (τάξις)—an order however which is neither absolutely immanent, nor altogether imposed from without, but the two in combination, as in the orderly arrangement of an army[4].

¹ εἰ δὴ ἀνάγκη πᾶν τὸ κινούμενον ὑπὸ τινός τε κινεῖσθαι καὶ ἢ ὑπὸ κινουμένου ὑπ' ἄλλου ἢ μή, καὶ εἰ μὲν ὑπ' ἄλλου

w. 6

κινουμένου ἀνάγκη τι εἶναι κινοῦν ὃ οὐχ ὑπ' ἄλλου πρῶτον, εἰ δὲ τοιοῦτο τὸ πρῶτον, οὐκ ἀνάγκη θάτερον (ἀδύνατον γὰρ εἰς ἄπειρον ἰέναι τὸ κινοῦν καὶ κινούμενον ὑπ' ἄλλου αὐτό· τῶν γὰρ ἀπείρων οὐκ ἔστιν οὐδὲν πρῶτον)—εἰ οὖν ἅπαν μὲν τὸ κινούμενον ὑπό τινος κινεῖται, τὸ δὲ πρῶτον κινοῦν κινεῖται μέν, οὐχ ὑπ' ἄλλου δέ, ἀνάγκη αὐτὸ ὑφ' αὑτοῦ κινεῖσθαι. *Phys.* VIII. 5, 256ᵃ13.

² ἀλλὰ μὴν ὅτι γ' ἐστὶν ἀρχή τις καὶ οὐκ ἄπειρα τὰ αἴτια τῶν ὄντων δῆλον. οὔτε γὰρ ὡς ἐξ ὕλης τόδ' ἐκ τοῦδε δυνατὸν ἰέναι εἰς ἄπειρον...οὔτε ὅθεν ἡ ἀρχὴ τῆς κινήσεως....ὁμοίως δὲ οὐδὲ τὸ οὗ ἕνεκα εἰς ἄπειρον οἷόν τε ἰέναι, βάδισιν μὲν ὑγιείας ἕνεκεν, ταύτην δ' εὐδαιμονίας, τὴν δ' εὐδαιμονίαν ἄλλου, καὶ οὕτως ἀεὶ ἄλλο ἄλλου ἕνεκεν εἶναι. *Meta.* Α. 2, 994ᵃ1.

³˙ εἰ γὰρ μὴ ἐνεργήσει (*i.e.* οὐσία ἀίδιος) οὐκ ἔσται κίνησις. ἔτι οὐδ' εἰ ἐνεργήσει, ἡ δ' οὐσία αὐτῆς δύναμις· οὐ γὰρ ἔσται κίνησις ἀίδιος· ἐνδέχεται γὰρ τὸ δυνάμει ὂν μὴ εἶναι. δεῖ ἄρα εἶναι ἀρχὴν τοιαύτην ἧς ἡ οὐσία ἐνέργεια. ἔτι τοίνυν ταύτας δεῖ τὰς οὐσίας εἶναι ἄνευ ὕλης. ἀιδίους γὰρ δεῖ, εἴπέρ γε καὶ ἄλλο τι ἀίδιον. ἐνεργείᾳ ἄρα. *Meta.* Λ. 6. 1071ᵇ17.

⁴ ἐπισκεπτέον δὲ καὶ ποτέρως ἔχει ἡ τοῦ ὅλου φύσις τὸ ἀγαθὸν καὶ τὸ ἄριστον, πότερον κεχωρισμένον τι καὶ αὐτὸ καθ' αὑτό, ἢ τὴν τάξιν; ἢ ἀμφοτέρως ὥσπερ στράτευμα. καὶ γὰρ ἐν τῇ τάξει τὸ εὖ καὶ ὁ στρατηγός, καὶ μᾶλλον οὗτος· οὐ γὰρ οὗτος διὰ τὴν τάξιν ἀλλ' ἐκείνη διὰ τοῦτόν ἐστιν. *Meta.* Λ. 10, 1075ᵃ11.

47. Against the mechanical philosophy of Democritus, which explained origination by the combination or dissolution of infinitely numerous homogeneous atoms, Aristotle maintains the existence of qualitative distinctions among the elements themselves, and the possibility of qualitative alteration (ἀλλοίωσις), as opposed to mere composition and decomposition of existing particles[1]. He insists on the teleological study of nature as that which alone gives a true insight into things[2], and requires that the standpoint of the physicist be supplemented by

that of the metaphysician, who sees that what is last in the order of production, stands first in the light of the phenomenon's fixed nature[3]. Nature (and God) are always, he conceives, working towards an end, and striving after what is perfect[4]. But sometimes the idea is defeated in its aim: matter (ὕλη) gets the upper hand; and monsters and misgrowths are the result[5].

[1] Δημόκριτος δὲ καὶ Λεύκιππος ποιήσαντες τὰ σχήματα τὴν ἀλλοίωσιν καὶ τὴν γένεσιν ἐκ τούτων ποιοῦσι, διακρίσει μὲν καὶ συγκρίσει γένεσιν καὶ φθοράν, τάξει δὲ καὶ θέσει ἀλλοίωσιν. ἐπεὶ δὲ δοκεῖ σχεδὸν πᾶσιν ἕτερον εἶναι γένεσις καὶ ἀλλοίωσις καὶ γίνεσθαι μὲν καὶ φθείρεσθαι συγκρινόμενα καὶ διακρινόμενα ἀλλοιοῦσθαι δὲ μεταβαλλόντων τῶν παθημάτων, περὶ τούτων ἐπιστήσασι (with attention) θεωρητέον. ἀπορίας γὰρ ἔχει ταῦτα καὶ πολλὰς καὶ εὐλόγους. (*De Gen.* I. 2, 315$^b$9.) ἀναιρεῖ γὰρ οὗτος ὁ λόγος ἀλλοίωσιν, ὁρῶμεν δὲ τὸ αὐτὸ σῶμα συνεχὲς ὂν ὁτὲ μὲν ὑγρὸν ὁτὲ δὲ πεπηγός, οὐ διαιρέσει καὶ συνθέσει τοῦτο παθόν, οὐδὲ τροπῇ καὶ διαθιγῇ, καθάπερ λέγει Δημόκριτος. *De Gen.* I. 9, 327$^a$16.

[2] οὐ γὰρ ἱκανὸν τὸ ἐκ τίνων ἐστίν, οἷον πυρὸς ἢ γῆς... οὕτως γὰρ καὶ οἱ φυσιολόγοι τὰς γενέσεις καὶ τὰς αἰτίας τοῦ σχήματος λέγουσιν...πανταχοῦ δὲ λέγομεν τόδε τοῦδε ἕνεκα, ὅπου ἂν φαίνηται τέλος τι πρὸς ὃ ἡ κίνησις περαίνει μηδενὸς ἐμποδίζοντος. *Part. An.* I. 1, 640$^b$22.

[3] See the passages quoted in § 36, 4.

[4] ὁ θεὸς καὶ ἡ φύσις οὐδὲν μάτην ποιοῦσιν. (*De Cael.* I. 4, 271$^a$33.) ἡ φύσις ἀεὶ ποιεῖ τῶν ἐνδεχομένων τὸ βέλτιστον. *Id.* II. 5, 288$^a$2.

[5] ἔστι γὰρ τὸ τέρας τῶν παρὰ φύσιν τι, παρὰ φύσιν δ' οὐ πᾶσαν ἀλλὰ τὴν ὡς ἐπὶ τὸ πολύ..., ὅταν μὴ κρατήσῃ τὴν κατὰ τὴν ὕλην ἢ κατὰ τὸ εἶδος φύσις. *Gen. An.* IV. 4, 770$^b$16. Cp. *Phys.* II. 9, 200$^a$14.

48. The continuity of nature exhibits a gradual transition from plants to animals[1]. Plants possess no life beyond that of growth and nutrition, but admit of

variation under domestication[2]. Animals as possessing sense-perception, possess already the germs of knowledge[3], and shew traces of those mental and moral characteristics which appear in more developed forms in man[4]. The study of soul (ψυχή) should therefore be conducted not with exclusive reference to that of man, but should be extended so as to include its forms in other animals[5].

[1] ἡ γὰρ φύσις μεταβαίνει συνεχῶς ἀπὸ τῶν ἀψύχων εἰς τὰ ζῷα διὰ τῶν ζώντων μέν, οὐκ ὄντων δὲ ζῴων, οὕτως ὥστε δοκεῖν πάμπαν μικρὸν διαφέρειν θατέρου θάτερον τῷ σύνεγγυς ἀλλήλοις. ὁ μὲν οὖν σπόγγος, ὥσπερ εἴρηται, καὶ τῷ ζῆν προσπεφυκὼς μόνον, ἀπολυθεὶς δὲ μὴ ζῆν, ὁμοίως ἔχει τοῖς φυτοῖς παντελῶς. *De Part. An.* IV. 5, 681$^a$12.
ἔνια γὰρ τῶν ἐν τῇ θαλάττῃ διαπορήσειεν ἄν τις πότερον ζῷόν ἐστιν ἢ φυτόν. *Hist. An.* VIII. 1, 588$^b$10.

[2] πάλιν τῶν φυτῶν τινὰ μεταλλάττονται, ὥς φασίν, εἰς ἄλλο εἶδος, ὡς ἡ καρύα, ὅταν γηράσῃ...καὶ τὸ τράγιον δὲ τμηθὲν καὶ φυτευθὲν παρὰ τὴν θάλασσαν τυχὸν ἔσται σισύμβριον. *De Plantis* (*Arist.?*) I. 7, 821$^a$30.

[3] τοῦ δὲ ζῴου οὐ μόνον τὸ γεννῆσαι ἔργον, ἀλλὰ καὶ γνώσεώς τινος πάντα μετέχουσι...αἴσθησιν γὰρ ἔχουσιν, ἡ δ' αἴσθησις γνῶσίς τις. *De Gen. An.* I. 23, 731$^a$32.

[4] τούτων δ' ἴχνη μὲν τῶν ἠθῶν ἐστιν ἐν πᾶσιν ὡς εἰπεῖν, μᾶλλον δὲ φανερώτερα ἐν τοῖς ἔχουσι μᾶλλον ἦθος καὶ μάλιστα ἐν ἀνθρώπῳ· τοῦτο γὰρ ἔχει τὴν φύσιν ἀποτετελεσμένην. *Histor. Animal.* IX. 1, 608$^b$4.

[5] σκεπτέον δὲ καὶ...πότερον ὁμοειδὴς ἅπασα ψυχὴ ἢ οὔ· εἰ δὲ μὴ ὁμοειδής, πότερον εἴδει διαφέρουσιν ἢ γένει. νῦν μὲν γὰρ οἱ λέγοντες καὶ ζητοῦντες περὶ ψυχῆς περὶ τῆς ἀνθρωπίνης μόνης ἐοίκασιν ἐπισκοπεῖν. *De An.* I. 1, 402$^b$4.

# CHAPTER VI.

### PSYCHOLOGY.

49. Soul (ψυχή) is defined by Aristotle as the perfect expression or realization of a natural body—a realization, further, which is in its first stage, and which is therefore implicit rather than explicit[1]. It follows that there is the closest connexion between psychical states and physiological processes—we need no more ask whether the soul and body are one, than whether the wax and the impression stamped upon it are so[2]: the very error of the pre-Aristotelian psychologists lay in discussing the soul abstractedly and metaphysically without any regard to the bodily environment[3]. At the same time, Aristotle regards soul or mind not as the product of the physiological conditions, but as the *truth* of body, the οὐσία, in which only do the bodily conditions gain their real meaning[4].

[1] διὸ ψυχή ἐστιν ἐντελέχεια ἡ πρώτη σώματος φυσικοῦ δυνάμει ζωὴν ἔχοντος. *De An.* II. 1, 412ª28. First entelechy, it is explained, stands to second as ἐπιστήμη, knowledge possessed, stands to θεωρεῖν, knowledge applied, and since sleep no less than waking involves soul, it must be entelechy of the first or implicit kind. It is called simply an ἐνέργεια σώματος in *Meta.* H. 3, 1043ª35.

² διὸ καὶ οὐ δεῖ ζητεῖν εἰ ἕν ἡ ψυχὴ καὶ τὸ σῶμα, ὥσπερ οὐδὲ τὸν κηρὸν καὶ τὸ σχῆμα. 412ᵇ8.

ἔοικε δὲ καὶ τὰ τῆς ψυχῆς πάθη πάντα εἶναι μετὰ σώματος ...εἰ δ' οὕτως ἔχει, δῆλον ὅτι τὰ πάθη λόγοι ἔνυλοί εἰσιν...καὶ διὰ ταῦτα ἤδη φυσικοῦ τὸ θεωρῆσαι περὶ ψυχῆς, ἢ πάσης ἢ τῆς τοιαύτης. *De An.* I. 1, 403ᵃ16.

οὐ τὸ σῶμά ἐστιν ἐντελέχεια ψυχῆς, ἀλλ' αὕτη σώματός τινος. καὶ διὰ τοῦτο καλῶς ὑπολαμβάνουσιν οἷς δοκεῖ μήτ' ἄνευ σώματος εἶναι μήτε σῶμά τι ἡ ψυχή. *De An.* II. 2, 414ᵃ18.

³ οἱ δὲ μόνον ἐπιχειροῦσι λέγειν ποῖόν τι ἡ ψυχή, περὶ δὲ τοῦ δεξομένου σώματος οὐθὲν ἔτι προσδιορίζουσιν, ὥσπερ ἐνδεχόμενον κατὰ τοὺς Πυθαγορικοὺς μύθους τὴν τυχοῦσαν ψυχὴν εἰς τὸ τυχὸν ἐνδύεσθαι σῶμα. *De An.* I. 3, 407ᵇ20.

⁴ καθόλου μὲν οὖν εἴρηται τί ἐστιν ἡ ψυχή· οὐσία γὰρ ἡ κατὰ τὸν λόγον. τοῦτο δὲ τὸ τί ἦν εἶναι τῷ τοιῳδὶ σώματι, καθάπερ εἴ τι τῶν ὀργάνων φυσικὸν ἦν σῶμα, οἷον πέλεκυς· ἦν μὲν γὰρ ἂν τὸ πελέκει εἶναι ἡ οὐσία αὐτοῦ, καὶ ἡ ψυχὴ τοῦτο· χωρισθείσης γὰρ ταύτης οὐκ ἂν ἔτι πέλεκυς ἦν, ἀλλ' ἢ ὁμωνύμως. *De An.* II. 1, 412ᵇ10.

50. The soul manifests its activity in certain "faculties" or "parts" which correspond with the stages of biological development, and are the faculties of nutrition (peculiar to plants), that of sense perception (peculiar to animals), that of movement, and that of reason (peculiar to man)[1]. These faculties resemble mathematical figures in which the higher includes the lower, and must be understood not as like actual physical parts, but like such *aspects* as convex and concave which we distinguish in the same line[2]. The mind remains throughout a unity: and it is absurd to speak of it, as Plato did, as desiring with one part and feeling anger with another[3].

[1] ἐστὶν ἡ ψυχὴ τῶν εἰρημένων τούτων (nutrition, sense, etc.) ἀρχή, καὶ τούτοις ὥρισται, θρεπτικῷ, αἰσθητικῷ, δια-

νοητικῷ, κινήσει. πότερον δὲ τούτων ἕκαστόν ἐστι ψυχὴ ἢ μόριον ψυχῆς, καὶ εἰ μόριον, πότερον οὕτως ὥστ' εἶναι χωριστὸν λόγῳ μόνον ἢ καὶ τόπῳ, περὶ μὲν τινῶν τούτων οὐ χαλεπὸν ἰδεῖν, ἔνια δὲ ἀπορίαν ἔχει. *De An.* II. 2, 413$^b$12.

δυνάμεις δ' εἴπομεν θρεπτικόν, αἰσθητικόν, ὀρεκτικόν, κινητικὸν κατὰ τόπον, διανοητικόν· ὑπάρχει δὲ τοῖς μὲν φυτοῖς τὸ θρεπτικὸν μόνον. *De An.* II. 3, 414$^a$31.

² παραπλησίως δ' ἔχει τῷ περὶ τῶν σχημάτων καὶ τὰ κατὰ ψυχήν· ἀεὶ γὰρ ἐν τῷ ἐφεξῆς ὑπάρχει δυνάμει τὸ πρότερον ἐπί τε τῶν σχημάτων καὶ ἐπὶ τῶν ἐμψύχων, οἷον ἐν τετραγώνῳ μὲν τρίγωνον, ἐν αἰσθητικῷ δὲ τὸ θρεπτικόν. *De An.* II. 3, 414$^b$28.

καθάπερ ἐν τῇ περιφερείᾳ τὸ κυρτὸν καὶ τὸ κοῖλον. *Eth. Nic.* I. 13, 1102$^a$28. Cp. *Eth. Eud.* II. 1, 1219$^b$32.

³ λέγουσι δή τινες μεριστὴν αὐτήν, καὶ ἄλλῳ μὲν νοεῖν ἄλλῳ δ' ἐπιθυμεῖν· τί οὖν δὴ πότε συνέχει τὴν ψυχήν, εἰ μεριστὴ πέφυκεν; οὐ γὰρ δὴ τό γε σῶμα. *De An.* I. 5, 411$^b$5.

τὸ δὲ λέγειν ὀργίζεσθαι τὴν ψυχὴν ὅμοιον κἂν εἴ τις λέγοι τὴν ψυχὴν ὑφαίνειν ἢ οἰκοδομεῖν. βέλτιον γὰρ ἴσως μὴ λέγειν τὴν ψυχὴν ἐλεεῖν ἢ μανθάνειν ἢ διανοεῖσθαι, ἀλλὰ τὸν ἄνθρωπον τῇ ψυχῇ. *De An.* I. 4, 408$^b$11.

51. Sense perception is a faculty of receiving the forms of outward objects independently of the matter of which they are composed, just as the wax takes on the figure of the seal without the gold or other metal of which it is composed[1]. As the subject of impression it involves a movement and a kind of qualitative change; but it is not merely a passive or receptive affection[2]: it in turn acts, and, *distinguishing* between the qualities of outward things, becomes "a movement of the soul through the medium of the body[3]." It involves accordingly between the object and the organ a ratio or correspondence ($\mu\epsilon\sigma\acute{o}\tau\eta s$) of which the destruction by excessive colour or sound etc. makes perception impossible[4]. The object of sense may

be either 1°, Special; thus colour is the special object of sight, sound of hearing; 2°, Common, or apprehended by several senses in combination, *e.g.* motion or figure: or 3°, Incidental or Inferential (κατὰ συμβεβηκὸς)—as when from the immediate sensation of white we come to know a person or *object* which is white[5]. The special senses are five in number, of which touch is the most common and rudimentary, hearing the most instructive, and sight the most ennobling[6]. The organ in these senses never acts directly, but is affected by some medium such as air: even touch, which seems to act by actual contact, probably involving some such vehicle of communication[7].

[1] ἡ μὲν αἴσθησίς ἐστι τὸ δεκτικὸν τῶν αἰσθητῶν εἰδῶν ἄνευ τῆς ὕλης, οἷον ὁ κηρὸς τοῦ δακτυλίου ἄνευ τοῦ σιδήρου δέχεται τὸ σημεῖον. *De An.* II. 12, 424ᵃ18.

[2] ἡ δ' αἴσθησις ἐν τῷ κινεῖσθαί τε καὶ πάσχειν συμβαίνει· δοκεῖ γὰρ ἀλλοίωσίς τις εἶναι. *De An.* II. 5, 416ᵇ33. But in III. 4, 429ᵃ29, we hear of ἡ ἀπάθεια τοῦ αἰσθητικοῦ: and in *Anal. Post.* II. 19 αἴσθησις is described as a δύναμις κριτική.

[3] ἡ δὲ λεγομένη αἴσθησις, ὡς ἐνέργεια, κίνησίς τις διὰ τοῦ σώματος τῆς ψυχῆς ἐστι. *De Somno* 2, 454ᵃ7.

[4] τῶν αἰσθητῶν αἱ ὑπερβολαὶ φθείρουσι τὰ αἰσθητήρια· ἐὰν γὰρ ᾖ ἰσχυροτέρα τοῦ αἰσθητηρίου ἡ κίνησις, λύεται ὁ λόγος, τοῦτο δ' ἦν ἡ αἴσθησις. *De An.* II. 12, 424ᵃ30.

διὸ τοῦ ὁμοίως θερμοῦ καὶ ψυχροῦ οὐκ αἰσθανόμεθα, ἀλλὰ τῶν ὑπερβολῶν, ὡς τῆς αἰσθήσεως οἷον μεσότητός τινος οὔσης τῆς ἐν τοῖς αἰσθητοῖς ἐναντιώσεως· καὶ διὰ τοῦτο κρίνει τὰ αἰσθητά· τὸ γὰρ μέσον κριτικόν. *De An.* II. 11, 424ᵃ5.

[5] λέγεται δὲ τὸ αἰσθητὸν τριχῶς...λέγω δ' ἴδιον μὲν ὃ μὴ ἐνδέχεται ἑτέρᾳ αἰσθήσει αἰσθάνεσθαι, καὶ περὶ ὃ μὴ ἐνδέχηται ἀπατηθῆναι οἷον ὄψις χρώματος...κοινὰ δὲ κίνησις, ἠρεμία, ἀριθμός, σχῆμα, μέγεθος· τὰ γὰρ τοιαῦτα οὐδεμιᾶς ἐστιν ἴδια ἀλλὰ κοινὰ πάσαις· καὶ γὰρ ἁφῇ κίνησίς τίς ἐστιν

αἰσθητὴ καὶ ὄψει· κατὰ συμβεβηκὸς δὲ λέγεται αἰσθητόν, οἷον εἰ τὸ λευκὸν εἴη Διάρους υἱός· κατὰ συμβεβηκὸς γὰρ τούτου αἰσθάνεται, ὅτι τῷ λευκῷ συμβέβηκε τοῦτο οὗ αἰσθάνεται. *De An.* II. 6, 418ᵃ10.
⁶ τὰ δὲ ζῷα πάντ' ἔχουσι μίαν γε τῶν αἰσθήσεων, τὴν ἀφήν. *De An.* II. 3, 414ᵇ3.
πρὸς μὲν τὰ ἀναγκαῖα κρείττων ἡ ὄψις καὶ καθ' αὑτήν, πρὸς δὲ νοῦν καὶ κατὰ συμβεβηκὸς ἡ ἀκοή. διαφορὰς μὲν γὰρ πολλὰς εἰσαγγέλλει καὶ παντοδαπὰς ἡ τῆς ὄψεως δύναμις...ἡ δ' ἀκοὴ τὰς τοῦ ψόφου διαφορὰς μόνον. *De Sensu* I, 437ᵃ5.
⁷ ἐάν τις θῇ τὸ ἔχον χρῶμα ἐπ' αὐτὴν τὴν ὄψιν, οὐκ ὄψεται· ἀλλὰ τὸ μὲν χρῶμα κινεῖ τὸ διαφανές, οἷον τὸν ἀέρα, ὑπὸ τούτου δὲ συνεχοῦς ὄντος κινεῖται τὸ αἰσθητήριον...ὁ δ' αὐτὸς λόγος καὶ περὶ ψόφου καὶ ὀσμῆς ἐστίν· οὐθὲν γὰρ αὐτῶν ἁπτόμενον τοῦ αἰσθητηρίου ποιεῖ τὴν αἴσθησιν, ἀλλ' ὑπὸ μὲν ὀσμῆς καὶ ψόφου τὸ μεταξὺ κινεῖται, ὑπὸ δὲ τούτου τῶν αἰσθητηρίων ἑκάτερον. *De An.* II. 7, 419ᵃ12.

52. Aristotle's Common or Central Sense, besides recognising the common qualities which are involved in all particular objects of Sensations[1], is thus *first*, the sense which brings us a consciousness of Sensation; and, *secondly*, that which by thus holding up in one act before the mind the objects of our knowledge, enables us to distinguish between the reports of different senses[2]. It finds accordingly its analogue in the heart as the organ which occupies a corresponding central position in the body[3].

[1] *De An.* III. 1, 425ᵃ14, where the κοινά are described as ὧν ἑκάστη αἰσθήσει αἰσθανόμεθα κατὰ συμβεβηκός—*i. e.* qualities which we perceive by each sense incidentally.
[2] ἔστι δέ τις καὶ κοινὴ δύναμις ἀκολουθοῦσα πάσαις, ᾗ καὶ ὅτι ὁρᾷ καὶ ἀκούει αἰσθάνεται· οὐ γὰρ δὴ τῇ γε ὄψει ὁρᾷ ὅτι ὁρᾷ. καὶ κρίνει δὴ καὶ δύναται κρίνειν ὅτι ἕτερα τὰ γλυκέα τῶν λευκῶν, οὔτε γεύσει οὔτε ὄψει οὔτ' ἀμφοῖν, ἀλλά τινι κοινῷ μορίῳ τῶν αἰσθητηρίων ἁπάντων. *De Somno* 2,

455[a]15. Cp. *De An.* III. 2, 426[b]12; *De Sensu* 7, 449[a]8.
   [3] ἀλλὰ μὴν τό γε κύριον τῶν αἰσθήσεων ἐν ταύτῃ (τῇ καρδίᾳ) τοῖς ἐναίμοις πᾶσιν· ἐν τούτῳ γὰρ ἀναγκαῖον εἶναι τὸ πάντων τῶν αἰσθητηρίων κοινὸν αἰσθητήριον. *De Juv.* 3, 469[a]10.

53. Imagination (φαντασία) Aristotle defines as "the movement which results upon an actual sensation[1]:" it is, in other words, the process by which an impression of sense is pictured and retained before the mind, and is accordingly the basis of Memory. The representative pictures which it provides form the materials of reason[2]. Illusions and Dreams are both alike due to an excitement in the organ of sense similar to that which would be caused by the actual presence of the sensible phenomenon[3].

[1] ἡ φαντασία ἂν εἴη κίνησις ὑπὸ τῆς αἰσθήσεως τῆς κατ' ἐνέργειαν γιγνομένη. *De An.* III. 3, 429[a]1. So in the *Rhetoric* I. 11, 1370[a]28, it is briefly described as αἴσθησις ἀσθενής—decaying sense.
[2] τῇ δὲ διανοητικῇ ψυχῇ τὰ φαντάσματα οἷον αἰσθήματα ὑπάρχει. *De An.* III. 7, 431[a]14. νοεῖν οὐκ ἔστιν ἄνευ φαντάσματος. *De Memor.* 449[b]31.
[3] τοῦ δὲ διεψεῦσθαι αἴτιον ὅτι οὐ μόνον τοῦ αἰσθητοῦ κινουμένου φαίνεται ἀδήποτε, ἀλλὰ καὶ τῆς αἰσθήσεως κινουμένης αὐτῆς, ἐὰν ὡσαύτως κινῆται ὥσπερ καὶ ὑπὸ τοῦ αἰσθητοῦ· λέγω δ' οἷον ἡ γῆ δοκεῖ τοῖς πλέουσι κινεῖσθαι κινουμένης τῆς ὄψεως ὑπ' ἄλλου. *De Insom.* 460[b]25.

54. Memory (μνήμη) is defined by Aristotle as the permanent possession of a sensuous picture as a copy which represents the object of which it is a picture[1]. Recollection, or the calling back to mind the residua of memory, depends upon the laws which regulate the

## PSYCHOLOGY. 91

association of our ideas, and "we seek to reach the associated impression by starting in our thought from an object present to us, or something else, whether it be similar, contrary or contiguous[2]."

[1] ἔστι μνήμη...φαντάσματος ὡς εἰκόνος οὗ φάντασμα ἕξις. *De Mem.* I, 451ᵃ15.

[2] ὅταν οὖν ἀναμιμνησκώμεθα, κινούμεθα τῶν προτέρων τινὰ κινήσεων, ἕως ἂν κινηθῶμεν μεθ' ἣν ἐκείνη (the impression of which we are in search) εἴωθεν. διὸ καὶ τὸ ἐφεξῆς θηρεύομεν νοήσαντες ἀπὸ τοῦ νῦν ἢ ἄλλου τινός, καὶ ἀφ' ὁμοίου ἢ ἐναντίου ἢ τοῦ σύνεγγυς. *De Mem.* 2, 451ᵇ16.

55. Reason (νοῦς) is to Aristotle the source of the first principles of knowledge, and thus opposed to sense, in that while sense is restricted and individual, thought is free and universal; and that while sense deals with the concrete and material aspect of phenomena, reason deals with the abstract and ideal[1]. But while reason is thus in itself the source of general ideas, it is so only potentially—it arrives, that is, at them only by a process of development in which it gradually clothes sense in thought, and unifies and interprets sense-presentations[2].

[1] λέγω δὲ νοῦν ᾧ διανοεῖται καὶ ὑπολαμβάνει ἡ ψυχή. *De An.* III. 4, 429ᵃ23. λείπεται νοῦν εἶναι τῶν ἀρχῶν. *Eth. Nic.* VI. 6, 1141ᵃ7.

τῶν καθ' ἕκαστον ἡ κατ' ἐνέργειαν αἴσθησις, ἡ δ' ἐπιστήμη τῶν καθόλου· ταῦτα δ' ἐν αὐτῇ πώς ἐστι τῇ ψυχῇ. διὸ νοῆσαι μὲν ἐπ' αὐτῷ ὁπόταν βούληται, αἰσθάνεσθαι δ' οὐκ ἐπ' αὐτῷ· ἀναγκαῖον γὰρ ὑπάρχειν τὸ αἰσθητόν. *De An.* II. 5, 417ᵇ22.

ἐπεὶ δ' ἄλλο ἐστὶ τὸ μέγεθος καὶ τὸ μεγέθει εἶναι (*i.e.* we may distinguish between the actual physical magnitude and the abstract conception of it)...τῷ μὲν οὖν αἰσθητικῷ τὸ θερμὸν καὶ τὸ ψυχρὸν κρίνει..ἄλλῳ δὲ ἤτοι χωριστῷ, ἢ ὡς ἡ κεκλασμένη ἔχει πρὸς αὐτὴν ὅταν ἐκταθῇ, τὸ σαρκὶ εἶναι κρίνει. [The meaning would seem to be that sense and reason stand to one another in cognition, as two processes of which the one like a straight line goes directly at its object, whereas the other like the bent line returns upon itself.] *De An.* III. 4, 429$^b$10.

² καὶ εὖ δὴ οἱ λέγοντες τὴν ψυχὴν εἶναι τόπον εἰδῶν, πλὴν ὅτι οὔτε ὅλη ἀλλ' ἡ νοητική, οὔτε ἐντελεχείᾳ ἀλλὰ δυνάμει τὰ εἴδη. *De An.* III. 4, 429$^a$27.

δυνάμει πῶς ἐστι τὰ νοητὰ ὁ νοῦς, ἀλλ' ἐντελεχείᾳ οὐδὲν πρὶν ἂν νοῇ. δεῖ δ' οὕτως ὥσπερ ἐν γραμματείῳ ᾧ μηθὲν ὑπάρχει ἐντελεχείᾳ γεγραμμένον· ὅπερ συμβαίνει ἐπὶ τοῦ νοῦ. *De An.* III. 4, 430$^a$1.

οὔτε δὴ ἐνυπάρχουσιν ἀφωρισμέναι αἱ ἕξεις, οὔτ' ἀπ' ἄλλων ἕξεων γίνονται γνωστικωτέρων, ἀλλ' ἀπ' αἰσθήσεως. [ch. § 27.) *Post. An.* II. 19, 100$^a$10.

56. The work of reason in thinking things suggests the question, How can immaterial thought come to receive material things[1]? Only it is obvious in virtue of some *community* between thought and things. Over and above therefore passive reason, which receives, combines and compares the various objects of thought, Aristotle recognises a creative reason which *makes* objects of thought, which renders the world intelligible, and bestows on the materials of knowledge those ideas or categories which make them accessible to thought, just as the sun communicates to material objects that light, without which colour would be invisible, and sight would have no object[2]. Hence reason is as it were the constant support of an intelligible world, and Aristotle accordingly, while assigning reason to the soul of man, describes it as coming from without, and would seem almost to identify it with God as the eternal and omnipresent thinker[3]. Even in man, in short, reason realizes some-

thing of the essential characteristic of absolute thought
—the unity of thought as subject with thought as
object[4].

[1] ἀπορήσειε δ' ἄν τις εἰ ὁ νοῦς ἁπλοῦν ἐστὶ καὶ ἀπαθὲς καὶ μηθενὶ μηθὲν ἔχει κοινόν, ὥσπερ φησὶν Ἀναξαγόρας, πῶς νοήσει, εἰ τὸ νοεῖν πάσχειν τί ἐστιν· ᾗ γάρ τι κοινὸν ἀμφοῖν ὑπάρχει, τὸ μὲν ποιεῖν δοκεῖ τὸ δὲ πάσχειν. *De An.* III. 4, 429ᵇ22.

[2] ἐπεὶ δ' ὥσπερ ἐν ἁπάσῃ τῇ φύσει ἐστί τι τὸ μὲν ὕλη ἑκάστῳ γένει (τοῦτο δὲ ὃ πάντα δυνάμει ἐκεῖνα), ἕτερον δὲ τὸ αἴτιον καὶ ποιητικόν, τῷ ποιεῖν πάντα, οἷον ἡ τέχνη πρὸς τὴν ὕλην πέπονθεν, ἀνάγκη καὶ ἐν τῇ ψυχῇ ὑπάρχειν ταύτας τὰς διαφοράς. καὶ ἔστιν ὁ μὲν τοιοῦτος νοῦς τῷ πάντα γίνεσθαι, ὁ δὲ τῷ πάντα ποιεῖν, ὡς ἕξις τις, οἷον τὸ φῶς· τρόπον γάρ τινα καὶ τὸ φῶς ποιεῖ τὰ δυνάμει ὄντα χρώματα ἐνεργείᾳ χρώματα· καὶ οὗτος ὁ νοῦς χωριστὸς καὶ ἀπαθὴς καὶ ἀμιγὴς τῇ οὐσίᾳ ὢν ἐνεργείᾳ. *De An.* III. 5, 430ᵃ10.

[3] λείπεται δὲ τὸν νοῦν μόνον θύραθεν ἐπεισιέναι καὶ θεῖον εἶναι μόνον. *Gen. An.* II. 3, 736ᵇ28.

[4] αὐτὸν δὲ νοεῖ ὁ νοῦς κατὰ μετάληψιν τοῦ νοητοῦ. νοητὸς γὰρ γίγνεται θιγγάνων καὶ νοῶν ὥστε ταὐτὸν νοῦς καὶ νοητόν. τὸ γὰρ δεκτικὸν τοῦ νοητοῦ καὶ τῆς οὐσίας νοῦς. *Meta.* Λ. 7, 1072ᵇ20.

αὐτὸν ἄρα νοεῖ, (*i.e.* the divine substance) εἴπερ ἐστὶ τὸ κράτιστον, καὶ ἔστιν ἡ νόησις νοήσεως νόησις. φαίνεται δ' ἀεὶ ἄλλου ἡ ἐπιστήμη καὶ ἡ αἴσθησις καὶ ἡ δόξα καὶ ἡ διάνοια, αὑτῆς δ' ἐν παρέργῳ. ἢ ἐπ' ἐνίων ἡ ἐπιστήμη τὸ πρᾶγμα· ἐπὶ μὲν τῶν ποιητικῶν ἄνευ ὕλης ἡ οὐσία καὶ τὸ τί ἦν εἶναι, ἐπὶ δὲ τῶν θεωρητικῶν ὁ λόγος τὸ πρᾶγμα καὶ ἡ νόησις [i.e. in speculative sciences the thought is also the object (πρᾶγμα)]. οὐχ ἑτέρου οὖν ὄντος τοῦ νοουμένου καὶ τοῦ νοῦ, ὅσα μὴ ὕλην ἔχει, τὸ αὐτὸ ἔσται, καὶ ἡ νόησις τῷ νοουμένῳ μία. (*Meta.* Λ. 9, 1074ᵇ33.) ἐπὶ μὲν γὰρ τῶν ἄνευ ὕλης τὸ αὐτό ἐστι τὸ νοοῦν καὶ τὸ νοούμενον. *De An.* 430ᵃ2.

# CHAPTER VII.

## MORAL PHILOSOPHY.

57. Ethics, as viewed by Aristotle, is an attempt to find out what is man's chief end or highest good—an end which he maintains is really final (τέλος τέλειον) because though many ends of life are only means to further ends, our aspirations and desires must have at last some absolute object of pursuit in which to rest[1]. Such a chief end is universally called happiness (εὐδαιμονία), but people mean such different things by the expression that he finds it necessary to discuss the nature of it for himself[2]. It must be, to begin with, based on human nature[3]. Morality in short must rest upon the conditions of human life, and its method must be that of starting from the facts of personal experience[4]. Thus happiness cannot be found in any abstract transcendental notion like a Platonic self-existing good: it must be something practical and human[5]. It must then be found in the work and life peculiar to man. But this is neither the vegetative life we share with plants nor the sensitive existence which we share with animals[6]. It follows therefore that true happiness lies in the active life of a rational being or in a perfect realization and outworking of the true soul and self (ἐνέργεια ψυχῆς κατ' ἀρετὴν

ἀρίστην) continued besides throughout a lifetime (ἐν βίῳ τελείῳ)⁷.

¹ πᾶσα τέχνη καὶ πᾶσα μέθοδος, ὁμοίως δὲ πρᾶξίς τε καὶ προαίρεσις ἀγαθοῦ τινὸς ἐφίεσθαι δοκεῖ· διὸ καλῶς ἀπεφήναντο τ' ἀγαθόν, οὗ πάντ' ἐφίεται...εἰ δή τι τέλος ἐστὶ τῶν πρακτῶν ὃ δι' αὐτὸ βουλόμεθα, τἆλλα δὲ διὰ τοῦτο, καὶ μὴ πάντα δι' ἕτερον αἱρούμεθα (πρόεισι γὰρ οὕτω γ' εἰς ἄπειρον ὥστ' εἶναι κενὴν καὶ ματαίαν τὴν ὄρεξιν), δῆλον ὡς τοῦτ' ἂν εἴη τἀγαθὸν καὶ τὸ ἄριστον. *Eth. Nic.* I. 1, 1094ᵃ1.

² λέγωμεν δὲ τί ἐστιν οὗ λέγομεν τὴν πολιτικὴν ἐφίεσθαι καὶ τί τὸ πάντων ἀκρότατον τῶν πρακτῶν ἀγαθῶν. ὀνόματι μὲν οὖν σχεδὸν ὑπὸ τῶν πλείστων ὁμολογεῖται...περὶ δὲ τῆς εὐδαιμονίας, τί ἐστιν, ἀμφισβητοῦσι, καὶ οὐχ ὁμοίως οἱ πολλοὶ τοῖς σοφοῖς ἀποδιδόασιν. *Eth. Nic.* I. 4, 1095ᵃ15.

³ τῆς πολιτικῆς οὐκ ἔστιν οἰκεῖος ἀκροατὴς ὁ νέος· ἄπειρος γὰρ τῶν κατὰ τὸν βίον πράξεων, οἱ λόγοι δ' ἐκ τούτων καὶ περὶ τούτων. *Eth. Nic.* I. 3. 5, 1095ᵃ2.

⁴ ἀρκτέον μὲν οὖν ἀπὸ τῶν γνωρίμων, ταῦτα δὲ διττῶς· τὰ μὲν γὰρ ἡμῖν τὰ δ' ἁπλῶς· ἴσως οὖν ἡμῖν γε ἀρκτέον ἀπὸ τῶν ἡμῖν γνωρίμων. διὸ δεῖ τοῖς ἔθεσιν ἦχθαι καλῶς τὸν περὶ καλῶν καὶ δικαίων καὶ ὅλως τῶν πολιτικῶν ἀκουσόμενον ἱκανῶς. ἀρχὴ γὰρ τὸ ὅτι. *Eth. Nic.* I. 4. 5.

⁵ εἰ γὰρ καὶ ἔστιν ἕν τι τὸ κοινῇ κατηγορούμενον ἀγαθὸν ἢ χωριστόν τι αὐτὸ καθ' αὑτό, δῆλον ὡς οὐκ ἂν εἴη πρακτὸν οὐδὲ κτητὸν ἀνθρώπῳ· νῦν δὲ τοιοῦτόν τι ζητεῖται. *Eth. Nic.* I. 6. 13, 1098ᵇ32.

⁶ ἀλλ' ἴσως τὴν μὲν εὐδαιμονίαν τὸ ἄριστον λέγειν ὁμολογούμενόν τι φαίνεται, ποθεῖται δ' ἐναργέστερον τί ἐστιν ἔτι λεχθῆναι. τάχα δὴ γένοιτ' ἂν τοῦτ', εἰ ληφθείη τὸ ἔργον τοῦ ἀνθρώπου...τί οὖν δὴ τοῦτ' ἂν εἴη ποτέ; τὸ μὲν γὰρ ζῆν κοινὸν εἶναι φαίνεται καὶ τοῖς φυτοῖς, ζητεῖται δὲ τὸ ἴδιον. ἀφοριστέον ἄρα τὴν θρεπτικὴν καὶ αὐξητικὴν ζωήν. ἑπομένη δὲ αἰσθητική τις ἂν εἴη· φαίνεται δὲ καὶ αὕτη κοινὴ καὶ ἵππῳ καὶ παντὶ ζώῳ. *Eth. Nic.* I. 7. 10, 1097ᵇ22.

⁷ λείπεται δὴ πρακτική τις (ζωή) τοῦ λόγον ἔχοντος.

διττῶς (*i.e.* in the two senses of ἕξις and ἐνέργεια) δὲ καὶ ταύτης λεγομένης, τὴν κατ' ἐνέργειαν θετέον· κυριώτερον γὰρ αὕτη δοκεῖ λέγεσθαι. εἰ δ' ἐστὶν ἔργον ἀνθρώπου ψυχῆς ἐνέργεια κατὰ λόγον ἢ μὴ ἄνευ λόγου, τὸ δ' αὐτό φαμεν ἔργον εἶναι τῷ γένει τοῦδε καὶ τοῦδε σπουδαίου ὥσπερ κιθαριστοῦ καὶ σπουδαίου κιθαριστοῦ (this explains why the life and its development must be taken in their best and perfect state or ἀρετή), τὸ ἀνθρώπινον ἀγαθὸν ψυχῆς ἐνέργεια γίνεται κατ' ἀρετήν, εἰ δὲ πλείους αἱ ἀρεταὶ κατὰ τὴν ἀρίστην καὶ τελειοτάτην. ἔτι δ' ἐν βίῳ τελείῳ. μία γὰρ χελιδὼν ἔαρ οὐ ποιεῖ οὐδὲ μία ἡμέρα· οὕτω δὲ οὐδὲ μακάριον καὶ εὐδαίμονα μία ἡμέρα οὐδ' ὀλίγος χρόνος. *Eth. Nic.* I. 7. 14.

58. Psychology, as an analysis of human nature, expands and interprets this biological conception of happiness. Happiness, we have just seen, is an outworking of man's true soul; and the moralist must therefore have some knowledge of it[1]. Now this soul, which is on the one hand purely vegetative and animal (τὸ φυτικόν), presents on the other hand two main aspects for the moralist, (α) the feelings and desires as amenable to reason (ὀρεκτικόν—λόγου μέτεχον), and (β) the reason and the intellectual powers (τὸ λόγον ἔχον κυρίως). It follows that the perfect development of human nature will include *first* a perfect development and true regulation of the feelings and desires in moral excellence (ἀρετὴ ἠθική) or virtue, and *secondly* a perfect development of the intellectual faculties in an ἀρετὴ διανοητική or mental culture[2].

[1] εἰ δὲ ταῦθ' οὕτως ἔχει, δῆλον ὅτι δεῖ τὸν πολιτικὸν εἰδέναι πως τὰ περὶ ψυχὴν ὥσπερ καὶ τὸν ὀφθαλμοὺς θεραπεύσοντα καὶ πᾶν σῶμα...λέγεται δὲ περὶ αὐτῆς καὶ ἐν τοῖς ἐξωτερικοῖς λόγοις ἀρκούντως ἔνια καὶ χρηστέον αὐτοῖς.

οἷον τὸ μὲν ἄλογον αὐτῆς εἶναι, τὸ δὲ λόγον ἔχον. τοῦ ἀλόγου δὲ τὸ μὲν ἔοικε κοινῷ καὶ φυτικῷ, λέγω δὲ τὸ αἴτιον τοῦ τρέφεσθαι καὶ αὔξεσθαι...ἀλλὰ τὸ θρεπτικὸν ἐατέον ἐπειδὴ τῆς ἀνθρωπικῆς ἀρετῆς ἄμοιρον πέφυκεν. ἔοικε δὲ καὶ ἄλλη τις φύσις τῆς ψυχῆς ἄλογος εἶναι μετέχουσα μέντοι πῃ λόγου. τοῦ γὰρ ἐγκρατοῦς καὶ ἀκρατοῦς τὸν λόγον καὶ τῆς ψυχῆς τὸ λόγον ἔχον ἐπαινοῦμεν· ὀρθῶς γὰρ καὶ ἐπὶ τὰ βέλτιστα παρακαλεῖ· φαίνεται δ' ἐν αὐτοῖς καὶ ἄλλο τι παρὰ τὸν λόγον πεφυκὸς ὃ μάχεταί τε καὶ ἀντιτείνει τῷ λόγῳ... λόγου δὲ καὶ τοῦτο φαίνεται μετέχειν, ὥσπερ εἴπομεν· πειθαρχεῖ γοῦν τῷ λόγῳ τὸ τοῦ ἐγκρατοῦς. *Eth. Nic.* I. 13. 9. [2] φαίνεται δὴ καὶ τὸ ἄλογον διττόν. τὸ μὲν γὰρ φυτικὸν οὐδαμῶς κοινωνεῖ λόγου, τὸ δ' ἐπιθυμητικὸν καὶ ὅλως ὀρεκτικὸν μετέχει πως, ᾗ κατήκοόν ἐστιν αὐτοῦ καὶ πειθαρχικόν... εἰ δὲ χρὴ καὶ τοῦτο φάναι λόγον ἔχειν, διττὸν ἔσται [καὶ] τὸ λόγον ἔχον, τὸ μὲν κυρίως καὶ ἐν αὐτῷ, τὸ δ' ὥσπερ τοῦ πατρὸς ἀκουστικόν τι. διορίζεται δὲ καὶ ἡ ἀρετὴ κατὰ τὴν διαφορὰν ταύτην. λέγομεν γὰρ αὐτῶν τὰς μὲν διανοητικάς, τὰς δὲ ἠθικάς, σοφίαν μὲν καὶ σύνεσιν καὶ φρόνησιν διανοητικάς, ἐλευθεριότητα δὲ καὶ σωφροσύνην ἠθικάς. *Eth. Nic.* I. 13. 18, 1102$^b$30. The following diagram may assist in comprehending the subject*.

```
                              ψυχή
         ┌───────────────────────┴───────────────────────┐
       ἄλογον                                      λόγον ἔχον
   ┌─────┴─────┐                              ┌─────────┴─────────┐
 φυτικόν   ἐπιθυμητικόν                  λόγου μέτεχον         λογικόν
               │                                  │
               └──────────────┬───────────────────┘
                          ὀρεκτικόν
 (ἀρετὴ σωματική)         ἀρετὴ ἠθική              ἀρετὴ διανοητική
         └───────────────────────┬───────────────────────┘
                    ψυχῆς ἐνέργεια = εὐδαιμονία.
```

59. Moral Virtue, while distinguished from all natural

---

* The diagram I fear necessarily seems to draw divisions where *aspects* only are to be distinguished. I quite agree at least with Prof. Susemihl in holding that Aristotle's meaning is "not that the rational soul is two-fold: but that if we reckon the appetitive soul as rational, then the last mentioned will be two-fold." Whether καὶ after διττὸν ἔσται is or is not omitted seems to me immaterial.

phenomena by man's power of modifying and improving its materials, is an evolution from those natural impulses which exist even in the brute, and which may be described as natural virtue (φυσικὴ ἀρετή)[1]. These impulses, by association of repeated acts which are not in themselves virtuous, consolidate themselves into a fixed tendency, or ἕξις, and so gain those characteristics of permanence and purity of purpose, which are involved in formed virtue[2]. Further, happiness being a *perfect* development of our nature, virtue as opposed to vice observes a mean or μεσότης between excess and defect—that is, it does not indulge any tendency of our nature at the expense of another, but it seeks by proper regulation to develope all. The Cynics, it follows, are mistaken in regarding the entire suppression of the feelings rather than their regulation as the object of morality[3]. But it is only when we try to define virtue and take it in the form of its ordinary existence in the world (οὐσία), that virtue appears as moderation: as the best thing possible it is essentially an extreme. This mean, however, as subjective and relative, requires to be regulated by an ὀρθὸς λόγος or an Ideal of Reason[4].

[1] δῆλον ὅτι οὐδεμία τῶν ἠθικῶν ἀρετῶν φύσει ἡμῖν ἐγγίνεται· οὐθὲν γὰρ τῶν φύσει ὄντων ἄλλως ἐθίζεται. οὔτε ἄρα φύσει οὔτε παρὰ φύσιν ἐγγίνονται αἱ ἀρεταί, ἀλλὰ πεφυκόσι μὲν ἡμῖν δέξασθαι αὐτάς, τελειουμένοις δὲ διὰ τοῦ ἔθους. *Eth. Nic.* II. I. 3, 1103ᵃ25. πᾶσι γὰρ δοκεῖ ἕκαστα τῶν ἠθῶν ὑπάρχειν φύσει πως· καὶ γὰρ δίκαιοι καὶ σωφρονικοὶ καὶ ἀνδρεῖοι καὶ τἄλλα ἔχομεν εὐθὺς ἐκ γενετῆς. VI. 13. 1, 1144ᵇ4. εἰσὶν ἀρεταὶ καὶ φύσει ἐν ἑκάστοις ἐγγινόμεναι, οἷον ὁρμαί τινες ἐν ἑκάστῳ ἄνευ λόγου πρὸς τὰ ἀνδρεῖα καὶ τὰ δίκαια...ἔστι δὲ δὴ καὶ ἔθει καὶ προαιρέσει. *Mag. Mor.* I. 35, 1198ᵃ1.

## MORAL PHILOSOPHY.

² τὰς ἀρετὰς λαμβάνομεν ἐνεργήσαντες πρότερον ὥσπερ καὶ ἐπὶ τῶν ἄλλων τεχνῶν· ἃ γὰρ δεῖ μαθόντας ποιεῖν, ταῦτα ποιοῦντες μανθάνομεν, οἷον οἰκοδομοῦντες οἰκοδόμοι γίνονται καὶ κιθαρίζοντες κιθαρισταί· οὕτω δὲ καὶ τὰ μὲν δίκαια πράττοντες δίκαιοι γινόμεθα. καὶ ἑνὶ δὴ λόγῳ ἐκ τῶν ὁμοίων ἐνεργειῶν αἱ ἕξεις γίνονται. *Eth. Nic.* II. 1, 1103ᵃ31.

ἀπορήσειε δ᾽ ἄν τις πῶς λέγομεν ὅτι δεῖ τὰ μὲν δίκαια πράττοντας δικαίους γίνεσθαι, τὰ δὲ σώφρονα σώφρονας· εἰ γὰρ πράττουσι τὰ δίκαια καὶ τὰ σώφρονα, ἤδη εἰσὶ δίκαιοι καὶ σώφρονες, ὥσπερ εἰ τὰ γραμματικὰ καὶ τὰ μουσικά, γραμματικοὶ καὶ μουσικοί. ἢ οὐδ᾽ ἐπὶ τῶν τεχνῶν οὕτως ἔχει; ἐνδέχεται γὰρ γραμματικόν τι ποιῆσαι καὶ ἀπὸ τύχης καὶ ἄλλου ὑποθεμένου [even in art, *i.e.*, the mere external result is not enough]. ἔτι οὐδ᾽ ὅμοιόν ἐστιν ἐπὶ τῶν τεχνῶν καὶ τῶν ἀρετῶν· because, Aristotle goes on to explain, in art we consider merely the result, in morals the character of the agent, whom we require to act 1st with knowledge, 2ndly with disinterested purpose, 3rdly with permanent disposition. ταῦτα δὲ πρὸς μὲν τὸ τὰς ἄλλας τέχνας ἔχειν οὐ συναριθμεῖται, πλὴν αὐτὸ τὸ εἰδέναι· πρὸς δὲ τὸ τὰς ἀρετὰς τὸ μὲν εἰδέναι μικρὸν ἢ οὐδὲν ἰσχύει, τὰ δ᾽ ἄλλα (purity and constancy of purpose) οὐ μικρὸν ἀλλὰ τὸ πᾶν δύναται, ἅπερ ἐκ τοῦ πολλάκις πράττειν τὰ δίκαια καὶ σώφρονα περιγίνεται. *Eth. Nic.* II. 4. 3, 1105ᵇ3.

³ διὸ καὶ ὁρίζονται τὰς ἀρετὰς ἀπαθείας τινὰς καὶ ἠρεμίας· οὐκ εὖ δέ, ὅτι ἁπλῶς λέγουσιν, ἀλλ᾽ οὐχ ὡς δεῖ καὶ ὡς οὐ δεῖ καὶ ὅτε καὶ ὅσα ἄλλα προστίθεται. *Eth. Nic.* II. 3, 1104ᵇ24.

⁴ ἔστιν ἄρα ἡ ἀρετὴ ἕξις προαιρετικὴ ἐν μεσότητι οὖσα τῇ πρὸς ἡμᾶς ὡρισμένῃ λόγῳ καὶ ὡς ἂν ὁ φρόνιμος ὁρίσειεν. μεσότης δὲ δύο κακιῶν, τῆς μὲν καθ᾽ ὑπερβολὴν τῆς δὲ κατ᾽ ἔλλειψιν...διὸ κατὰ μὲν τὴν οὐσίαν καὶ τὸν λόγον τὸν τί ἦν εἶναι λέγοντα μεσότης ἐστὶν ἡ ἀρετή, κατὰ δὲ τὸ ἄριστον καὶ τὸ εὖ ἀκρότης. II. 6. 15, 1106ᵇ36.

60. Aristotle illustrates his theory of virtue as a mean by a classification of the several virtues, in which he apparently begins with the simpler self-regarding, and passes on to the more social other-regarding aspects of

character[1]. His list may be represented by the following table:

| Defect | Mean | Excess |
|---|---|---|
| Cowardice | Courage | Rashness |
| Insensibility | Temperance | Intemperance |
| Illiberality | Liberality | Prodigality |
| Pettiness | Munificence | Vulgarity |
| Humble-mindedness | High-mindedness | Vaingloriousness |
| Want of Ambition | Right Ambition | Over-ambition |
| Spiritlessness | Good Temper | Irascibility |
| Surliness | Friendly Civility | Obsequiousness |
| Ironical Depreciation | Sincerity | Boastfulness |
| Boorishness | Wittiness | Buffoonery |
| Shamelessness | Modesty | Bashfulness |
| Callousness | Just Resentment | Spitefulness. |

The prominent virtue of this list is high-mindedness, or μεγαλοψυχία, which, as being a kind of ideal self-respect, is regarded as the crown of all the other virtues, depending on them for its existence, and itself in turn tending to intensify their force[2]. The list seems to be more a deduction from the formula than a statement of the facts on which the formula itself depends, and Aristotle accordingly finds language frequently—*e.g.* in dealing with the virtue of ambition—inadequate to express the states of excess or defect which his theory involves[3]. Throughout the list he insists on the "autonomy of will" as indispensable to virtue: courage for instance is only really worthy of the name when done from a love of honour and duty (διὰ τὸ καλόν): munificence again becomes vulgarity when exercised not from love of what is right and beautiful, but for displaying wealth[4].

[1] δεῖ δὲ τοῦτο μὴ μόνον καθόλου λέγεσθαι ἀλλὰ καὶ τοῖς καθ' ἕκαστα ἐφαρμόττειν· ἐν γὰρ τοῖς περὶ τὰς πράξεις λόγοις οἱ μὲν καθόλου κενώτεροί εἰσιν, οἱ δ' ἐπὶ μέρους ἀληθινώτεροι· περὶ γὰρ τὰ καθ' ἕκαστα αἱ πράξεις, δέον δ' ἐπὶ τούτων συμφωνεῖν. ληπτέον οὖν ταῦτα ἐκ τῆς διαγραφῆς. *Eth. Nic.* II. 7. 1, 1107ᵃ28.

[2] ἔοικε μὲν οὖν ἡ μεγαλοψυχία οἷον κόσμος τις εἶναι τῶν ἀρετῶν· μείζους γὰρ αὐτὰς ποιεῖ καὶ οὐ γίνεται ἄνευ ἐκείνων. διὰ τοῦτο χαλεπὸν τῇ ἀληθείᾳ μεγαλόψυχον εἶναι· οὐ γὰρ οἷόν τε ἄνευ καλοκἀγαθίας. *Eth. Nic.* IV. 3. 16, 1124ᵃ1.

[3] ἔστι μὲν οὖν καὶ τούτων τὰ πλείω ἀνώνυμα, πειρατέον δ' ὥσπερ καὶ ἐπὶ τῶν ἄλλων αὐτοὺς ὀνοματοποιεῖν σαφηνείας ἕνεκεν καὶ τοῦ εὐπαρακολουθήτου. II. 7. 11. Cp. IV. 7. 1, περὶ τὰ αὐτὰ δὲ σχεδόν ἐστι καὶ ἡ τῆς ἀλαζονείας μεσότης· ἀνώνυμος δὲ καὶ αὐτή· οὐ χεῖρον δὲ καὶ τὰς τοιαύτας ἐπελθεῖν.

[4] τέλος δὲ πάσης ἐνεργείας ἐστὶ τὸ κατὰ τὴν ἕξιν. καὶ τῷ ἀνδρείῳ δὲ ἡ ἀνδρεία καλόν. τοιοῦτον δὴ καὶ τὸ τέλος. καλοῦ δὴ ἕνεκα ὁ ἀνδρεῖος ὑπομένει καὶ πράττει τὰ κατὰ τὴν ἀνδρείαν...δεῖ δ' οὐ δι' ἀνάγκην ἀνδρεῖον εἶναι ἀλλ' ὅτι καλόν. *Eth. Nic.* III. 7. 6. καὶ πάντα τὰ τοιαῦτα ποιήσει (*i.e.* ὁ βάναυσος) οὐ τοῦ καλοῦ ἕνεκα ἀλλὰ τὸν πλοῦτον ἐπιδεικνύμενος καὶ διὰ ταῦτα οἰόμενος θαυμάζεσθαι. IV. 2. 20, 1123ᵃ25.

61. Justice (δικαιοσύνη) is used at once in a general and in a special sense. In its general significance it is equivalent to the observance of law, and is as such coextensive with virtue, differing only in that while virtue exercises the disposition simply in the abstract, justice applies it in dealings with another[1]. Particular Justice displays itself in the two forms of Distributive Justice (δίκαιον ἐν ταῖς διανόμαις) which awards honours and rewards according to the merits of the recipients, and Corrective Justice (δίκαιον διορθωτικόν) which takes no

account of the position of the parties concerned but simply seeks to secure equality between the two by taking away from the advantage of the one and adding it to the disadvantage of the other[2]. Simple Retaliation and Reciprocity (τὸ ἀντιπεπονθός) therefore is not a sufficient account of either distributive or corrective Justice, but it is an adequate formula for civil communion, which just rests upon such a relation between producer and consumer as is measured by a currency[3]. Justice however is unequal to the complexity of life, and has therefore to be supplemented by Equity (ἐπιείκεια) which corrects and modifies law where it falls short owing to its universal character[4]. Evidently therefore morality requires a standard which shall not only regulate the inadequacies of absolute justice but be also an ideal of moral progress.

[1] ἔοικε δὲ πλεοναχῶς λέγεσθαι ἡ δικαιοσύνη καὶ ἡ ἀδικία. δοκεῖ δὲ ὅ τε παράνομος ἄδικος εἶναι καὶ ὁ πλεονέκτης καὶ ὁ ἄνισος, ὥστε δῆλον ὅτι καὶ ὁ δίκαιος ἔσται ὅ τε νόμιμος καὶ ὁ ἴσος...αὕτη μὲν οὖν ἡ δικαιοσύνη οὐ μέρος ἀρετῆς ἀλλ᾽ ὅλη ἀρετή ἐστιν, οὐδ᾽ ἡ ἐναντία ἀδικία μέρος κακίας ἀλλ᾽ ὅλη κακία. τί δὲ διαφέρει ἡ ἀρετὴ καὶ ἡ δικαιοσύνη αὕτη δῆλον ἐκ τῶν εἰρημένων. ἔστι μὲν γὰρ ἡ αὐτή, τὸ δ᾽ εἶναι οὐ τὸ αὐτό (i.e. while fundamentally the same their mode of existence is different), ἀλλ᾽ ᾗ μὲν πρὸς ἕτερον δικαιοσύνη, ᾗ δὲ τοιάδε ἕξις ἁπλῶς, ἀρετή. *Eth. Nic.* v. 1, 1129ª26.

[2] τῆς δὲ κατὰ μέρος δικαιοσύνης καὶ τοῦ κατ᾽ αὐτὴν δικαίου ἓν μέν ἐστιν εἶδος τὸ ἐν ταῖς διανομαῖς τιμῆς ἢ χρημάτων ἢ τῶν ἄλλων ὅσα μεριστὰ τοῖς κοινωνοῦσι τῆς πολιτείας, ἓν δὲ τὸ ἐν τοῖς συναλλάγμασι διορθωτικόν....τὸ μὲν γὰρ διανεμητικὸν δίκαιον τῶν κοινῶν ἀεὶ κατὰ τὴν ἀναλογίαν...τὸ δ᾽ ἐν τοῖς συναλλάγμασι δίκαιον ἐστὶ μὲν ἴσον τι ἀλλ᾽ οὐ κατὰ τὴν ἀναλογίαν ἐκείνην ἀλλὰ κατὰ τὴν ἀριθμητικήν. οὐδὲν γὰρ διαφέρει εἰ ἐπιεικὴς φαῦλον ἀπεστέρησεν ἢ φαῦλος ἐπιεικῆ, ἀλλὰ πρὸς τοῦ βλάβους τὴν διαφορὰν μόνον

βλέπει ὁ νόμος...ὥστε τὸ ἐπανορθωτικὸν δίκαιον ἂν εἴη τὸ μέσον ζημίας καὶ κέρδους. *Eth. Nic.* v. 2, 1130ᵇ30.

[3] δοκεῖ δέ τισι καὶ τὸ ἀντιπεπονθὸς εἶναι ἁπλῶς δίκαιον, ὥσπερ οἱ Πυθαγόρειοι ἔφασαν. τὸ δ᾽ ἀντιπεπονθὸς οὐκ ἐφαρμόττει οὔτ᾽ ἐπὶ τὸ διανεμητικὸν δίκαιον οὔτ᾽ ἐπὶ τὸ διορθωτικόν...ἀλλ᾽ ἐν ταῖς κοινωνίαις ταῖς ἀλλακτικαῖς συνέχει τὸ τοιοῦτον δίκαιον τὸ ἀντιπεπονθός, κατ᾽ ἀναλογίαν καὶ μὴ κατ᾽ ἰσότητα· τῷ ἀντιποιεῖν γὰρ ἀνάλογον συμμένει ἡ πόλις. *Eth. Nic.* v. 5, 1132ᵇ21.

[4] καὶ ἔστιν αὕτη ἡ φύσις ἡ τοῦ ἐπιεικοῦς ἐπανόρθωμα νόμου, ᾗ ἐλλείπει διὰ τὸ καθόλου. *Eth. Nic.* ⱱ. 10. 6, 1137ᵇ26.

62. This Ideal of Morality is given by the faculty of moral insight (φρόνησις), which is at once the cause and the effect of virtue, so that the truly good man is at the same time the man of perfect insight, and the man of true insight is also perfectly good[1]. Thus the moral ἀρχή—the conception of the ultimate end of moral action—is the growth of habitual experience (ἐθισμός), and gradually frames itself out of particular perceptions: but the apprehension of these particulars is implicitly an exercise of reason[2]. The relation of intellect to morality is not therefore so close as it was represented by Socrates: rather the intellectual element in virtue is a mere faculty of cleverness (δεινότης), which may develope into either moral wisdom or deep-seated villainy. At the same time—so Aristotle modifies the Socratic standpoint—virtue is only true and established virtue, when, instead of resting on merely irrational impulses, it involves this moral insight: and such an understanding of the principles of conduct necessarily gives an unity to conduct, so that the man who possesses one virtue, in the true sense of the word, *ipso facto* possesses all[3].

[1] ἐπεὶ δὲ τυγχάνομεν πρότερον εἰρηκότες ὅτι δεῖ τὸ μέσον αἱρεῖσθαι, τὸ δὲ μέσον ἐστὶν ὡς ὁ λόγος ὁ ὀρθὸς λέγει τοῦτο διέλωμεν (*Eth. Nic.* VI. I. I). καὶ νῦν πάντες ὅταν ὁρίζωνται τὴν ἀρετήν, προστιθέασι τὴν ἕξιν, εἰπόντες καὶ πρὸς ἅ ἐστι, τὴν κατὰ τὸν ὀρθὸν λόγον· ὀρθὸς δ᾽ ὁ κατὰ τὴν φρόνησιν. *Eth. Nic.* VI. 13. 4. συνέζευκται δὲ καὶ ἡ φρόνησις τῇ τοῦ ἤθους ἀρετῇ καὶ αὕτη τῇ φρονήσει, εἴπερ αἱ μὲν τῆς φρονήσεως ἀρχαὶ κατὰ τὰς ἠθικάς εἰσιν ἀρετάς, τὸ δ᾽ ὀρθὸν τῶν ἠθικῶν κατὰ τὴν φρόνησιν. *Eth. Nic.* X. 8. 3, 1178ª16.

[2] ἡ γὰρ ἀρετὴ καὶ ἡ μοχθηρία τὴν ἀρχὴν ἡ μὲν φθείρει, ἡ δὲ σώζει, ἐν δὲ ταῖς πράξεσι τὸ οὗ ἕνεκα ἀρχή, ὥσπερ ἐν τοῖς μαθηματικοῖς αἱ ὑποθέσεις· οὔτε δὴ ἐκεῖ ὁ λόγος διδασκαλικὸς τῶν ἀρχῶν οὔτε ἐνταῦθα, ἀλλ᾽ ἀρετὴ ἢ φυσικὴ ἢ ἐθιστὴ τοῦ ὀρθοδοξεῖν περὶ τὴν ἀρχήν. *Eth. Nic.* VII. 8. 4, 1151ª15. αἱ μὲν γὰρ ἀρχαὶ τῶν πρακτῶν τὸ οὗ ἕνεκα τὰ πρακτά· τῷ δὲ διεφθαρμένῳ δι᾽ ἡδονὴν ἢ λύπην εὐθὺς οὐ φαίνεται ἡ ἀρχή…ἔστι γὰρ ἡ κακία φθαρτικὴ ἀρχῆς· ὥστ᾽ ἀνάγκη τὴν φρόνησιν ἕξιν εἶναι μετὰ λόγου ἀληθῆ περὶ τὰ ἀνθρώπινα ἀγαθὰ πρακτικήν. VI. 5. 6, 1140ᵇ16. ἐκ τῶν καθ᾽ ἕκαστα γὰρ τὸ καθόλου. τούτων οὖν ἔχειν δεῖ αἴσθησιν, αὕτη δ᾽ ἐστὶ νοῦς. VI. II. 5, 1143ᵇ4.

[3] καὶ Σωκράτης τῇ μὲν ὀρθῶς ἐζήτει, τῇ δ᾽ ἡμάρτανεν· ὅτι μὲν γὰρ φρονήσεις ᾤετο εἶναι πάσας τὰς ἀρετάς, ἡμάρτανεν, ὅτι δ᾽ οὐκ ἄνευ φρονήσεως, καλῶς ἔλεγεν…δῆλον οὖν ἐκ τῶν εἰρημένων ὅτι οὐχ οἷόν τε ἀγαθὸν εἶναι κυρίως ἄνευ φρονήσεως οὐδὲ φρόνιμον ἄνευ τῆς ἠθικῆς ἀρετῆς. ἀλλὰ καὶ ὁ λόγος ταύτῃ λύοιτ᾽ ἄν, ᾧ διαλεχθείη τις ἂν ὅτι χωρίζονται ἀλλήλων αἱ ἀρεταί. τοῦτο γὰρ κατὰ μὲν τὰς φυσικὰς ἀρετὰς ἐνδέχεται, καθ᾽ ἃς δὲ ἁπλῶς λέγεται ἀγαθὸς οὐκ ἐνδέχεται. ἅμα γὰρ τῇ φρονήσει μιᾷ οὔσῃ πᾶσαι ὑπάρξουσιν. *Eth. Nic.* VI. 13. 6, 1144ᵇ19.

63. Moral Action is accordingly never the result of a mere act of understanding, nor is it on the other hand, in man, the result of simple appetite which knows objects simply as producing pain or pleasure[1]: a conception of what is advantageous precedes the desire, but this conception is in itself powerless without the natural impulse

which will give it strength[2]. The will or purpose which morality implies, is thus either reason stimulated into action by desire, or desire (not purely animal) guided and controlled by understanding[3]. The freedom of the will must be allowed (or disallowed) *equally* in vice and virtue: and actions are to be called involuntary only when due to actual compulsion at the hands of others, or to ignorance of particular details in action: voluntary action being that of which the ἀρχή, or originating cause, lies in the agent[4].

[1] διάνοια δ' αὐτὴ οὐθὲν κινεῖ, ἀλλ' ἡ ἕνεκά του καὶ πρακτική. *Eth. Nic.* VI. 2. 5, 1139ᵃ36. καὶ ἡ μὲν ἐπιθυμία ἡδέος καὶ ἐπιλύπου, ἡ προαίρεσις δ' οὔτε λυπηροῦ οὔθ' ἡδέος. III. 2. 5, 1111ᵇ17.

[2] ὀρεγόμεθα δὲ διότι δοκεῖ μᾶλλον ἢ δοκεῖ διότι ὀρεγόμεθα. ἀρχὴ γὰρ ἡ νόησις. *Meta.* Λ. 7, 1072ᵃ29.

εὐλόγως ταῦτα δύο φαίνεται τὰ κινοῦντα, ὄρεξις καὶ διάνοια πρακτική· τὸ ὀρεκτὸν γὰρ κινεῖ, καὶ διὰ τοῦτο ἡ διάνοια κινεῖ, ὅτι ἀρχὴ αὐτῆς ἐστι τὸ ὀρεκτόν. καὶ ἡ φαντασία δὲ ὅταν κινῇ, οὐ κινεῖ ἄνευ ὀρέξεως. *De An.* III. 10, 433ᵃ20.

[3] διὸ ἢ ὀρεκτικὸς νοῦς ἡ προαίρεσις ἢ ὄρεξις διανοητική, καὶ ἡ τοιαύτη ἀρχὴ ἄνθρωπος. *Eth. Nic.* VI. 2. 5, 1139ᵇ4.

[4] δοκεῖ δὲ ἀκούσια εἶναι τὰ βίᾳ ἢ δι' ἄγνοιαν γιγνόμενα. βίαιον δὲ οὗ ἡ ἀρχὴ ἔξωθεν, τοιαύτη οὖσα ἐν ᾗ μηδὲν συμβάλλεται ὁ πράττων ἢ ὁ πάσχων, οἷον εἰ πνεῦμα κομίσαι ποι. ὄντος δ' ἀκουσίου τοῦ βίᾳ καὶ δι' ἄγνοιαν, τὸ ἑκούσιον δόξειεν ἂν εἶναι οὗ ἡ ἀρχὴ ἐν αὐτῷ εἰδότι τὰ καθ' ἕκαστα ἐν οἷς ἡ πρᾶξις. III. I. 3, 1110ᵃ1. ἐφ' ἡμῖν δὲ καὶ ἡ ἀρετή, ὁμοίως δὲ καὶ ἡ κακία. III. 5. 2.

64. Moral Weakness (ἀκρασία), which results in a man's doing the wrong although knowing what is right, and following appetite against reason, is not, as Socrates supposed, a myth[1]. Moral action may be represented as

a syllogism in which a general principle of morality forms the major premiss, while the particular application is the minor: but the conclusion which is arrived at speculatively is not always that which is executed practically[2]. The question in fact must be studied not logically but psychologically and physiologically (φυσικῶς): and when we regard the problem in this manner, we find that appetite can lead to a minor premiss being applied to one rather than another of two major premisses existing in the mind[3]. Animals, on the other hand, cannot be called weak or incontinent just because such a conflict of principles is with them impossible[4].

[1] Σωκράτης μὲν γὰρ ὅλως ἐμάχετο πρὸς τὸν λόγον ὡς οὐκ οὔσης ἀκρασίας· οὐθένα γὰρ ὑπολαμβάνοντα πράττειν παρὰ τὸ βέλτιστον ἀλλὰ δι' ἄγνοιαν· οὗτος μὲν οὖν ὁ λόγος ἀμφισβητεῖ τοῖς φαινομένοις ἐναργῶς. *Eth. Nic.* VII. 2. 2, 1145[b]25.

[2] οἱ γὰρ συλλογισμοὶ τῶν πρακτῶν ἀρχὴν ἔχοντές εἰσιν, ἐπειδὴ τοιόνδε τὸ τέλος καὶ τὸ ἄριστον. VI. 12. 10, 1144[a]31.

[3] ἔτι καὶ ὧδε φυσικῶς ἄν τις ἐπιβλέψειε τὴν αἰτίαν. ἡ μὲν γὰρ καθόλου δόξα, ἡ δ' ἑτέρα περὶ τῶν καθ' ἕκαστά ἐστιν, ὧν αἴσθησις ἤδη κυρία· ὅταν δὲ μία γένηται ἐξ αὐτῶν, ἀνάγκη τὸ συμπερανθὲν ἔνθα (*i.e.* in the intellectual sphere) μὲν φάναι τὴν ψυχήν, ἐν δὲ ταῖς ποιητικαῖς πράττειν εὐθύς, οἷον, εἰ παντὸς γλυκέος γεύεσθαι δεῖ, τουτὶ δὲ γλυκὺ ὡς ἕν τι τῶν καθ' ἕκαστον, ἀνάγκη τὸν δυνάμενον καὶ μὴ κωλυόμενον ἅμα τοῦτο καὶ πράττειν· ὅταν οὖν ἡ μὲν καθόλου ἐνῇ κωλύουσα γεύεσθαι, ἡ δὲ ὅτι πᾶν τὸ γλυκὺ ἡδύ, τουτὶ δὲ γλυκύ (αὕτη δὲ ἐνεργεῖ), τύχῃ δ' ἐπιθυμία ἐνοῦσα, ἡ μὲν λέγει φεύγειν τοῦτο, ἡ δ' ἐπιθυμία ἄγει· κινεῖν γὰρ ἕκαστον δύναται τῶν μορίων· ὥστε συμβαίνει ὑπὸ λόγου πως καὶ δόξης ἀκρατεύεσθαι, οὐκ ἐναντίας δὲ καθ' αὑτήν, ἀλλὰ κατὰ συμβεβηκός. *Eth. Nic.* VII. 3. 9, 1147[a]24.

[4] καὶ διὰ τοῦτο τὰ θηρία οὐκ ἀκρατῆ, ὅτι οὐκ ἔχει τῶν καθόλου ὑπόληψιν, ἀλλὰ τῶν καθ' ἕκαστα φαντασίαν καὶ

μνήμην. 1147ᵇ 4. διὸ καὶ τὰ θηρία οὔτε σώφρονα οὔτ' ἀκόλαστα λέγομεν, ἀλλ' ἢ κατὰ μεταφοράν· οὐ γὰρ ἔχει προαίρεσιν οὐδὲ λογισμόν, ἀλλ' ἐξέστηκε τῆς φύσεως [are in their actions the result of nature] ὥσπερ οἱ μαινόμενοι τῶν ἀνθρώπων. *Eth. Nic.* VII. 6, 1149ᵇ 31.

65. Pleasure is not to be identified with Good, although many of the arguments advanced against the identification of the two are more or less fallacious[1]. The Platonic argument, for instance, which treats it as a process of becoming—a progress consciously perceived towards a natural condition (γένεσις εἰς φύσιν αἰσθητή)— and maintains that it consequently cannot be something real or final—takes account of little but bodily enjoyment: pleasure is rather found in the consciousness of free spontaneous action (ἐνέργεια ἀνεμπόδιστος)—it is a completed indivisible experience like vision, and is always present when a perfect organ acts upon a perfect object[2]. Pleasures accordingly differ in kind: varying along with the different value of the functions of which they are the expression, and determined ultimately by the judgment of "the good man" (σπουδαῖος)[3].

[1] τοῖς μὲν οὖν δοκεῖ οὐδεμία ἡδονὴ εἶναι ἀγαθόν, οὔτε καθ' αὑτὸ οὔτε κατὰ συμβεβηκός…ὅτι δ' οὐ συμβαίνει διὰ ταῦτα μὴ εἶναι ἀγαθὸν μηδὲ τὸ ἄριστον, δῆλον. *Eth. Nic.* VII. 12, 1152ᵇ 9. ὅτι μὲν οὖν οὔτε τἀγαθὸν ἡ ἡδονὴ οὔτε πᾶσα αἱρετή, δῆλον ἔοικεν εἶναι. X. 3. 13, 1174ᵃ 8.

[2] διὸ καὶ οὐ καλῶς ἔχει τὸ αἰσθητὴν γένεσιν φάναι εἶναι τὴν ἡδονήν, ἀλλὰ μᾶλλον λεκτέον ἐνέργειαν τῆς κατὰ φύσιν ἕξεως, ἀντὶ δὲ τοῦ αἰσθητὴν ἀνεμπόδιστον. *Eth. Nic.* VII. 12. 3. ὅλον γάρ τί ἐστι καὶ κατ' οὐδένα χρόνον λάβοι τις ἂν ἡδονὴν ἧς ἐπὶ πλείω χρόνον γινομένης τελειωθήσεται τὸ εἶδος. X. 4. 1. κατὰ πᾶσαν γὰρ αἴσθησίν ἐστιν ἡδονή, ὁμοίως δὲ καὶ διάνοιαν καὶ θεωρίαν, ἡδίστη δ' ἡ τελειοτάτη,

τελειοτάτη δ' ἡ τοῦ εὖ ἔχοντος πρὸς τὸ σπουδαιότατον τῶν ὑφ' αὑτήν. τελειοῖ δὲ τὴν ἐνέργειαν ἡ ἡδονή. X. 4. 5, 1174ᵇ20.
³ ὅθεν δοκοῦσι καὶ τῷ εἴδει διαφέρειν· τὰ γὰρ ἕτερα τῷ εἴδει ὑφ' ἑτέρων οἰόμεθα τελειοῦσθαι. X. 5. 1, 1175ᵃ21. δοκεῖ δ' ἐν ἅπασι τοῖς τοιούτοις εἶναι τὸ φαινόμενον τῷ σπουδαίῳ. 1176ᵃ15.

66. Man's chief end being the perfect development of his true nature (ἐνέργεια ψυχῆς), it must be particularly found in the realization of his highest faculty or reason[1]. It is this in fact which constitutes our personality, and man would be pursuing not his own life, but the life of some lower being, if he followed any other aim. Self-love accordingly may be said to be the highest law of morals, because while such self-love may be understood as the selfishness which gratifies a man's lower nature, it may also be, and is rightly, the love of that higher and rational nature which constitutes each man's true self[2]. Such a life of thought (βίος θεωρητικός) is further recommended as that which is most pleasant, most self-sufficient, most continuous, and most consonant with σχολή. It is also that which is most akin to the life of God: for God cannot be conceived as practising the ordinary moral virtues and must therefore find his happiness in contemplation[3].

[1] εἰ δ' ἐστὶν ἡ εὐδαιμονία κατ' ἀρετὴν ἐνέργεια, εὔλογον κατὰ τὴν κρατίστην· αὕτη δ' ἂν εἴη τοῦ ἀρίστου...ὅτι δ' ἐστὶ θεωρητική, εἴρηται...κρατίστη τε γὰρ αὕτη ἐστὶν ἡ ἐνέργεια· καὶ γὰρ ὁ νοῦς τῶν ἐν ἡμῖν (i.e. κράτιστος), καὶ τῶν γνωστῶν, περὶ ἃ ὁ νοῦς. Eth. Nic. X. 7. 1, 1177ᵃ12.
[2] δόξειε δ' ἂν ὁ τοιοῦτος μᾶλλον εἶναι φίλαυτος. ἀπονέμει γοῦν ἑαυτῷ τὰ κάλλιστα καὶ μάλιστ' ἀγαθά, καὶ χαρίζεται ἑαυτοῦ τῷ κυριωτάτῳ καὶ πάντα τούτῳ πείθεται· ὥσπερ δὲ καὶ πόλις τὸ κυριώτατον μάλιστ' εἶναι δοκεῖ καὶ πᾶν ἄλλο

σύστημα, οὕτω καὶ ἄνθρωπος· καὶ φίλαυτος δὴ μάλιστα ὁ τοῦτο ἀγαπῶν καὶ τούτῳ χαριζόμενος. *Eth. Nic.* IX. 8. 6, 1168ᵇ28.

³ ὁ δὲ τοιοῦτος ἂν εἴη βίος κρείττων ἢ κατ' ἄνθρωπον. οὐ γὰρ ᾗ ἄνθρωπός ἐστιν οὕτω βιώσεται, ἀλλ' ᾗ θεῖόν τι ἐν αὐτῷ ὑπάρχει...δόξειε δ' ἂν καὶ εἶναι ἕκαστος τοῦτο, εἴπερ τὸ κύριον καὶ ἄμεινον· ἄτοπον οὖν γίνοιτ' ἂν εἰ μὴ τὸν αὑτοῦ βίον αἱροῖτο ἀλλά τινος ἄλλου. *Eth. Nic.* X. 7. 8, 1177ᵇ26.

ἡ δὲ τελεία εὐδαιμονία ὅτι θεωρητική τίς ἐστιν ἐνέργεια, καὶ ἐντεῦθεν ἂν φανείη. τοὺς θεοὺς γὰρ μάλιστα ὑπειλήφαμεν μακαρίους εἶναι. πράξεις δὲ ποίας ἀπονεῖμαι χρεὼν αὐτοῖς;... τῷ δὲ ζῶντι τοῦ πράττειν ἀφαιρουμένου, ἔτι δὲ μᾶλλον τοῦ ποιεῖν, τί λείπεται πλὴν θεωρία; *Eth. Nic.* X. 8, 1178ᵇ7.

67. Friendship is an indispensable aid in framing for ourselves the higher moral life; if not itself a virtue, it is at least a concomitant of virtue, and it proves itself of service in almost all conditions of our existence[1]. Such results, however, are to be derived not from the worldly friendships of utility or pleasure, but only from those which are founded on virtue[2]. The true friend is in fact a second self, and the true moral value of friendship lies in the fact that the friend presents to us a mirror of good actions, and so intensifies our consciousness and our appreciation of life[3].

[1] ἔστι γὰρ ἀρετή τις ἢ μετ' ἀρετῆς, ἔτι δ' ἀναγκαιότατον εἰς τὸν βίον· ἄνευ γὰρ φίλων οὐδεὶς ἕλοιτ' ἂν ζῆν. *Eth. Nic.* VIII. 1. ἄτοπον δ' ἴσως καὶ τὸ μονώτην ποιεῖν τὸν μακάριον· οὐθεὶς γὰρ ἕλοιτ' ἂν καθ' αὑτὸν τὰ πάντ' ἔχειν ἀγαθά· πολιτικὸν γὰρ ὁ ἄνθρωπος καὶ συζῆν πεφυκός. *Eth. Nic.* IX. 9. 3, 1169ᵇ16.

[2] δοκεῖ οὐ πᾶν φιλεῖσθαι, ἀλλὰ τὸ φιλητόν, τοῦτο δ' εἶναι ἀγαθὸν ἢ ἡδὺ ἢ χρήσιμον...τρία δὴ τὰ τῆς φιλίας εἴδη, ἰσάριθμα τοῖς φιλητοῖς...οἱ μὲν οὖν διὰ τὸ χρήσιμον φιλοῦντες

ἀλλήλοις, οὐ καθ' αὑτοὺς φιλοῦσιν, ἀλλ' ᾗ γίγνεταί τι αὐτοῖς παρ' ἀλλήλων ἀγαθόν. τελεία δ' ἐστὶν ἡ τῶν ἀγαθῶν φιλία καὶ κατ' ἀρετὴν ὁμοίων. VIII. 4. 1, 1156$^b$7.
[3] ὁ μακάριος δὴ φίλων τοιούτων δεήσεται, εἴπερ θεωρεῖν προαιρεῖται πράξεις ἐπιεικεῖς καὶ οἰκείας· τοιαῦται δ' αἱ τοῦ ἀγαθοῦ φίλου ὄντος...ὡς δὲ πρὸς ἑαυτὸν ἔχει ὁ σπουδαῖος, καὶ πρὸς τὸν φίλον· ἕτερος γὰρ αὐτὸς ὁ φίλος ἐστίν. καθάπερ οὖν τὸ αὐτὸν εἶναι αἱρετόν ἐστιν ἑκάστῳ, οὕτω καὶ τὸ τὸν φίλον, ἢ παραπλησίως. *Eth. Nic.* IX. 9, 10, 1170$^a$2.

# CHAPTER VIII.

### POLITICAL PHILOSOPHY.

68. Politics Aristotle regards not as a Science separate from Ethics: but as the completion and (almost) verification of it in a true philosophy of humanity (ἡ περὶ τὰ ἀνθρώπινα φιλοσοφία): the moral ideal in political administration being only a different aspect of that which also applies itself to individual happiness[1]. Man is by nature a social being, and the possession of rational speech (λόγος) in itself leads him to the social union[2].

[1] εἰ γὰρ καὶ ταὐτόν ἐστιν ἑνὶ καὶ πόλει, μεῖζόν γε καὶ τελειότερον τὸ τῆς πόλεως φαίνεται καὶ λαβεῖν καὶ σώζειν... ἡ μὲν οὖν μέθοδος τούτων ἐφίεται, πολιτική τις οὖσα. *Eth. Nic.* I. 2, 1094[b]8.

σκοπεῖν δὴ τὰ προειρημένα χρὴ ἐπὶ τὰ ἔργα καὶ τὸν βίον ἐπιφέροντας, καὶ συνᾳδόντων μὲν τοῖς ἔργοις ἀποδεκτέον, διαφωνούντων δὲ λόγους ὑποληπτέον. *Eth. Nic.* X. 8. 12, 1179[a]20.

ἔστι δὲ καὶ ἡ πολιτικὴ καὶ ἡ φρόνησις ἡ αὐτὴ μὲν ἕξις, τὸ μέντοι εἶναι οὐ ταὐτὸν αὐταῖς. *Eth. Nic.* VI. 8. 1, 1141[b]24.

[2] ἄνθρωπος φύσει πολιτικὸν ζῷον καὶ ὁ ἄπολις διὰ φύσιν καὶ οὐ διὰ τύχην ἤτοι φαῦλός ἐστιν ἢ κρείττων ἢ ἄνθρωπος...διότι δὲ πολιτικὸν ὁ ἄνθρωπος ζῷον...δῆλον. οὐθὲν γάρ, ὥς φαμεν, μάτην ἡ φύσις ποιεῖ· λόγον δὲ μόνον ἄν-

θρωπος ἔχει τῶν ζώων· ἡ μὲν οὖν φωνὴ τοῦ λυπηροῦ καὶ ἡδέος ἐστι σημεῖον·...ὁ δὲ λόγος ἐπὶ τῷ δηλοῦν ἐστι τὸ συμφέρον καὶ τὸ βλαβερόν. *Pol.* I. 2. 9, 1253ᵃ2.

69. The State is a development from the family through the village community, an offshoot of the family. Formed originally for the satisfaction of natural wants, it exists afterwards for moral ends and for the promotion of the higher life[1]. The State in fact is no mere local union for the prevention of wrong-doing, and the convenience of exchange: no mere material or utilitarian institution for the protection of goods and property; it is a real moral organization for advancing the development of man[2].

[1] ἡ μὲν οὖν εἰς πᾶσαν ἡμέραν συνεστηκυῖα κοινωνία κατὰ φύσιν οἶκός ἐστιν...ἡ δ' ἐκ πλειόνων οἰκιῶν κοινωνία πρώτη χρήσεως ἕνεκεν μὴ ἐφημέρου κώμη...ἡ δ' ἐκ πλειόνων κωμῶν κοινωνία τέλειος, πόλις, ἡ δὴ πάσης ἔχουσα πέρας τῆς αὐταρκείας ὡς ἔπος εἰπεῖν· γιγνομένη μὲν οὖν τοῦ ζῆν ἕνεκεν, οὖσα δὲ τοῦ εὖ ζῆν. *Pol.* I. 1, 1252ᵇ12.

[2] φανερὸν τοίνυν ὅτι ἡ πόλις οὐκ ἔστι κοινωνία τόπου καὶ τοῦ μὴ ἀδικεῖν σφᾶς αὐτοὺς καὶ τῆς μεταδόσεως χάριν· ἀλλὰ ταῦτα μὲν ἀναγκαῖον ὑπάρχειν, εἴπερ ἔσται πόλις, οὐ μὴν οὐδ' ὑπαρχόντων τούτων ἁπάντων ἤδη πόλις, ἀλλ' ἡ τοῦ εὖ ζῆν κοινωνία καὶ ταῖς οἰκίαις καὶ τοῖς γένεσι ζωῆς τελείας χάριν καὶ αὐτάρκους. *Pol.* III. 9, 1280ᵇ30.

70. The family, which is chronologically prior to the State, involves a consideration of the relations subsisting between husband and wife, parent and child, master and slave[1]. The slave Aristotle regards as a piece of live property having no existence save in relation to his master. Slavery is a natural institution because there is a ruling and a subject-class amongst men related to each other as

soul to body, although from those who are slaves by nature we must distinguish those who have become slaves merely by war and conquest². Household management involves the acquisition of riches, but must be distinguished from money-making for its own sake. Wealth is everything whose value can be measured by money; but it is the use rather than the possession of commodities which constitutes riches³.

[1] πρῶτα δὲ καὶ ἐλάχιστα μέρη οἰκίας δεσπότης καὶ δοῦλος, καὶ πόσις καὶ ἄλοχος, καὶ πατὴρ καὶ τέκνα. *Pol.* I. 3.
[2] τῶν δ' ὀργάνων τὰ μὲν ἄψυχα, τὰ δ' ἔμψυχα...καὶ ὁ δοῦλος κτῆμά τι ἔμψυχον, καὶ ὥσπερ ὄργανον πρὸ ὀργάνων πᾶς ὁ ὑπηρέτης...ὁ γὰρ μὴ αὑτοῦ φύσει ἀλλ' ἄλλου, ἄνθρωπος δέ, οὗτος φύσει δοῦλός ἐστι...βούλεται μὲν οὖν ἡ φύσις καὶ τὰ σώματα διαφέροντα ποιεῖν τὰ τῶν ἐλευθέρων καὶ τῶν δούλων, τὰ μὲν ἰσχυρὰ πρὸς τὴν ἀναγκείαν χρῆσιν, τὰ δ' ὀρθὰ καὶ ἄχρηστα πρὸς τὰς τοιαύτας ἐργασίας, ἀλλὰ χρήσιμα πρὸς πολιτικὸν βίον. *Pol.* I. 3, 1253ᵇ 28.
[3] χρήματα δὲ λέγομεν πάντα ὅσων ἡ ἀξία νομίσματι μετρεῖται. (*Eth. Nic.* IV. 1. 2, 1119ᵇ 26.) ὅλως δὲ τὸ πλουτεῖν ἐστιν ἐν τῷ χρῆσθαι μᾶλλον ἢ ἐν τῷ κεκτῆσθαι. *Rhet.* I. 5.

71. Exchange was at first effected by barter in kind, but, with the difficulties of transmission between countries widely separated from one another, money as a currency arose. At first merely so much definitely weighed or measured metal, it afterwards received a stamp to mark the amount¹. Demand is the real standard of value: and currency is therefore a merely conventional representative of demand acting as a mean between the producer and the recipient and so securing reciprocity². Usury is an unnatural and reprehensible use of money³.

[1] ἔστι γὰρ ἡ μεταβλητικὴ πάντων, ἀρξαμένη τὸ μὲν πρῶτον ἐκ τοῦ κατὰ φύσιν, τῷ τὰ μὲν πλείω τὰ δὲ ἐλάττω

τῶν ἱκανῶν ἔχειν τοὺς ἀνθρώπους...ἡ μὲν οὖν τοιαύτη μεταβλητικὴ οὔτε παρὰ φύσιν οὔτε χρηματιστικῆς ἐστιν εἶδος οὐδέν...ἐκ μέντοι ταύτης ἐγένετ' ἐκείνη κατὰ λόγον· ξενικωτέρας γὰρ γινομένης τῆς βοηθείας τῷ εἰσάγεσθαι ὧν ἐνδεεῖς καὶ ἐκπέμπειν ὧν ἐπλεόναζον, [as the mutual assistance through import and export spread wider] ἐξ ἀνάγκης ἡ τοῦ νομίσματος ἐπορίσθη χρῆσις· οὐ γὰρ εὐβάστακτον ἕκαστον τῶν κατὰ φύσιν ἀναγκαίων. διὸ πρὸς τὰς ἀλλαγὰς τοιοῦτόν τι συνέθεντο πρὸς σφᾶς αὐτοὺς διδόναι καὶ λαμβάνειν, ὃ τῶν χρησίμων αὐτὸ ὄν, εἶχε τὴν χρείαν εὐμεταχείριστον πρὸς τὸ ζῆν, οἷον σίδηρος καὶ ἄργυρος, κἂν εἴ τι τοιοῦτον ἕτερον, τὸ μὲν πρῶτον ἁπλῶς ὁρισθὲν μεγέθει καὶ σταθμῷ, τὸ δὲ τελευταῖον καὶ χαρακτῆρα ἐπιβαλλόντων, ἵνα ἀπολύσῃ τῆς μετρήσεως αὐτούς. *Pol.* I. 9, 1257ᵃ14.

² οἷον δ' ὑπάλλαγμα τῆς χρείας τὸ νόμισμα γέγονε κατὰ συνθήκην. *Eth. Nic.* v. 5. 11, 1133ᵃ29.

³ μεταβολῆς γὰρ ἐγένετο χάριν (τὸ νόμισμα), ὁ δὲ τόκος αὐτὸ ποιεῖ πλέον. 1258ᵇ5. Cp. *Eth.* I. 5. 8.

72. Communism in wives and property as sketched by Plato in the *Republic* rests upon a false conception of political society, since the state is not the homogeneous unity to which Plato would reduce it, but rather a product of heterogeneous elements[1]. His scheme further involves a fallacy of language in its use of "all[2]:" forgets that what is everybody's business will be nobody's[3]: leaves no room for the practice of liberality and chastity[4]: destroys friendship, the basis of the political organism, and beyond all attempts to secure, by positive enactments, ends which are better attained by general institutions and culture[5]. Socialism in general forgets that the regulation of desires and the limiting of population is better and more necessary than the equalization of property[6].

¹ τὸ λίαν ἑνοῦν ζητεῖν τὴν πόλιν οὐκ ἔστιν ἄμεινον... πλῆθος γάρ τι τὴν φύσιν ἐστὶν ἡ πόλις, γιγνομένη τε μία

μᾶλλον οἰκία μὲν ἐξ πόλεως, ἄνθρωπος δ' ἐξ οἰκίας ἔσται. *Pol.* II. 1, 1261ᵃ18.
² ὅτι μὲν τοίνυν παραλογισμός τίς ἐστι τὸ λέγειν πάντας, φανερόν. 1261ᵇ27.
³ ἥκιστα ἐπιμελείας τυγχάνει τὸ πλείστων κοινόν. 1261ᵇ33.
⁴ ἀναιροῦσιν ἔργα δυοῖν ἀρεταῖν φανερῶς, σωφροσύνης μὲν περὶ τὰς γυναῖκας, ἐλευθεριότητος δὲ περὶ τὰς κτήσεις. 1263ᵇ10.
⁵ ἄτοπον τοῖς τοιούτοις οἴεσθαι διορθοῦν, ἀλλὰ μὴ τοῖς ἔθεσι καὶ τῇ φιλοσοφίᾳ καὶ τοῖς νόμοις. 1263ᵇ40.
⁶ δεῖ δὲ μηδὲ τοῦτο λανθάνειν τοὺς οὕτω νομοθετοῦντας, ὃ λανθάνει νῦν, ὅτι τὸ τῆς οὐσίας τάττοντας πλῆθος προσήκει καὶ τῶν τέκνων τὸ πλῆθος τάττειν. *Pol.* II. 4, 1266ᵇ8. ἔτι δ' εἴ τις καὶ τὴν μετρίαν τάξειεν οὐσίαν πᾶσιν, οὐδὲν ὄφελος· μᾶλλον γὰρ δεῖ τὰς ἐπιθυμίας ὁμαλίζειν ἢ τὰς οὐσίας, τοῦτο δ' οὐκ ἔστι μὴ παιδευομένοις ἱκανῶς ὑπὸ τῶν νόμων. 1266ᵇ28.

73. The Classification of Constitutions is based upon the fact that government may be exercised either for the good of the governed or of the governing, and may be either concentrated in one man or shared by a few or by the many[1]. There are thus three true forms of government (ὀρθαὶ πολιτεῖαι)—monarchy, aristocracy and constitutional republic: the perverted forms of these (παρεκβάσεις) are tyranny, oligarchy and democracy, the difference between the two last being not that democracy is a government of the many, oligarchy of the few, but that democracy is the state of the poor, oligarchy of the rich[2]. Considered in the abstract, these six states stand in the following order of merit: 1° Monarchy, 2° Aristocracy, 3° Constitutional Republic, 4° Democracy, 5° Oligarchy, 6° Tyranny[3]. But though with a perfect man Monarchy would be the highest form of government, the

absence of such men puts it practically out of consideration[4]. Similarly, true aristocracy, in which ἀρετή is the qualification of government, is hardly ever found in its uncorrupted form: it would be however preeminently the constitution in which the good man and the good citizen would coincide[5]. Practically therefore, *apart from the question of an ideal State*, the constitutional republic may be regarded as the best *attainable* form of government, especially as it secures that predominance of a large middle-class which is the chief basis of permanence in any State[6]. Democracy however is not unlikely with the spread of population to become the general form of government: and, in defence of it, the claim *might* be advanced, thinks Aristotle, that the *collective* voice of a people is as likely to be sound in State administration as in criticisms on art[7].

[1] ἐπεὶ δὲ πολιτεία μὲν καὶ πολίτευμα σημαίνει ταὐτόν, πολίτευμα δ' ἐστὶ τὸ κύριον τῶν πόλεων, ἀνάγκη δ' εἶναι κύριον ἢ ἕνα ἢ ὀλίγους ἢ τοὺς πολλούς, ὅταν μὲν ὁ εἷς ἢ οἱ ὀλίγοι ἢ οἱ πολλοὶ πρὸς τὸ κοινὸν συμφέρον ἄρχωσι, ταύτας μὲν ὀρθὰς ἀναγκαῖον εἶναι τὰς πολιτείας, τὰς δὲ πρὸς τὸ ἴδιον ἢ τοῦ ἑνὸς ἢ τῶν ὀλίγων ἢ τοῦ πλήθους, παρεκβάσεις. The three ὀρθαί are then enumerated as βασιλεία, ἀριστοκρατία and πολιτεία. παρεκβάσεις δὲ τῶν εἰρημένων, τυραννὶς μὲν βασιλείας, ὀλιγαρχία δὲ ἀριστοκρατίας, δημοκρατία δὲ πολιτείας. *Pol.* III. 7, 1279ᵃ25. Cp. *Eth. Nic.* VIII. 10, 1160ᵃ32, where for πολιτεία is substituted τιμοκρατία as a government ἀπὸ τιμημάτων.

[2] δῆλον ὅτι τὸ μὲν ὀλίγους ἢ πολλοὺς εἶναι κυρίους συμβεβηκός ἐστι, τὸ μὲν ταῖς ὀλιγαρχίαις τὸ δὲ ταῖς δημοκρατίαις, διὰ τὸ τοὺς μὲν εὐπόρους ὀλίγους, πολλοὺς δ' εἶναι τοὺς ἀπόρους πανταχοῦ. διὸ καὶ οὐ συμβαίνει τὰς ῥηθείσας αἰτίας γίνεσθαι διαφορᾶς (*i.e.* numbers do not constitute the difference) ᾧ δὲ διαφέρουσιν ἥ τε δημοκρατία καὶ ἡ ὀλιγαρχία

ἀλλήλων, πενία καὶ πλοῦτός ἐστι. *Pol.* III. 7, 1279ᵇ35. Cp. IV. 4, 1290ᵇ 1.

ἀριστοκρατίας μὲν γὰρ ὅρος ἀρετή, ὀλιγαρχίας δὲ πλοῦτος, δήμου δ' ἐλευθερία. IV. 8, 1294ᵃ10.

³ τούτων δὲ (τῶν ὀρθῶν πολιτειῶν) βελτίστη μὲν ἡ βασιλεία, χειρίστη δ' ἡ τιμοκρατία...κάκιστον δὲ τὸ ἐναντίον τῷ βελτίστῳ (*i.e.* τυραννίς). *Eth. Nic.* VIII. 12, 1160ᵃ35.

⁴ ἀρχὴ δ' ἐστὶ τῆς ζητήσεως αὕτη, πότερον συμφέρει μᾶλλον ὑπὸ τοῦ ἀρίστου ἀνδρὸς ἄρχεσθαι ἢ ὑπὸ τῶν ἀρίστων νόμων· δοκοῦσι δὴ τοῖς νομίζουσι συμφέρειν βασιλεύεσθαι τὸ καθόλου μόνον οἱ νόμοι λέγειν, ἀλλ' οὐ πρὸς τὰ προσπίπτοντα ἐπιτάττειν. *Pol.* III. 15, 1286ᵃ8. ὁ μὲν οὖν τὸν νόμον κελεύων ἄρχειν δοκεῖ κελεύειν ἄρχειν τὸν θεόν, ὁ δ' ἄνθρωπον κελεύων, προστίθησι καὶ θηρίον. III. 16, 1287ᵃ29.

εἰ δὴ τὴν μὲν τῶν πλειόνων ἀρχὴν ἀγαθῶν δ' ἀνδρῶν πάντων ἀριστοκρατίαν θετέον, τὴν δὲ τοῦ ἑνὸς βασιλείαν, αἱρετώτερον ἂν εἴη ταῖς πόλεσιν ἀριστοκρατία βασιλείας. *Pol.* III. 15, 1286ᵇ3.

οὐ γίγνονται δ' ἔτι βασιλεῖαι νῦν...διὰ τὸ τὴν βασιλείαν ἑκούσιον μὲν ἀρχὴν εἶναι, κυρίαν δὲ μειζόνων, πολλοὺς δ' εἶναι τοὺς ὁμοίους, καὶ μηδένα διαφέροντα τοσοῦτον ὥστε ἀπαρτίζειν πρὸς τὸ μέγεθος καὶ τὸ ἀξίωμα τῆς ἀρχῆς. *Pol.* V. 10, 1313ᵃ5.

⁵ τὴν γὰρ ἐκ τῶν ἀρίστων ἁπλῶς κατ' ἀρετὴν πολιτείαν, καὶ μὴ πρὸς ὑπόθεσίν τινα ἀγαθῶν ἀνδρῶν, μόνην δίκαιον προσαγορεύειν ἀριστοκρατίαν· ἐν μόνῃ γὰρ ἁπλῶς ὁ αὐτὸς ἀνὴρ καὶ πολίτης ἀγαθός ἐστιν. *Pol.* IV. 7, 1293ᵇ3.

καὶ γὰρ ἃς καλοῦσιν ἀριστοκρατίας...τὰ μὲν ἐξωτέρω πίπτουσι ταῖς πλείσταις τῶν πόλεων, τὰ δὲ γειτνιῶσι τῇ καλουμένῃ πολιτείᾳ· διὸ περὶ ἀμφοῖν ὡς μιᾶς λεκτέον. *Pol.* IV. 11, 1295ᵃ31.

⁶ εἰ γὰρ καλῶς ἐν τοῖς ἠθικοῖς εἴρηται τὸ τὸν εὐδαίμονα βίον εἶναι τὸν κατ' ἀρετὴν ἀνεμπόδιστον, μεσότητα δὲ τὴν ἀρετήν, τὸν μέσον ἀναγκαῖον βίον εἶναι βέλτιστον...δῆλον ἄρα ὅτι καὶ ἡ κοινωνία ἡ πολιτικὴ ἀρίστη ἡ διὰ τῶν μέσων... ὅπου δὲ τὸ τῶν μέσων ὑπερτείνει πλῆθος ἢ συναμφοτέρων τῶν ἄκρων ἢ καὶ θατέρου μόνον, ἐνταῦθ' ἐνδέχεται πολιτείαν εἶναι μόνιμον. *Pol.* IV. 11, 1295ᵃ35—1296ᵇ38.

⁷ ὅτι δὲ δεῖ κύριον εἶναι μᾶλλον τὸ πλῆθος ἢ τοὺς ἀρίστους

μὲν ὀλίγους δέ, δόξειεν ἂν καί τιν' ἔχειν ἀπορίαν, τάχα δὲ κἂν ἀλήθειαν. τοὺς γὰρ πολλοὺς ὧν ἕκαστός ἐστι οὐ σπουδαῖος ἀνήρ, ὅμως ἐνδέχεται συνελθόντας εἶναι βελτίους ἐκείνων, οὐχ ὡς ἕκαστον ἀλλ' ὡς σύμπαντας, οἷον τὰ συμφορητὰ δεῖπνα τῶν ἐκ μιᾶς δαπάνης χορηγηθέντων... διὸ καὶ κρίνουσιν ἄμεινον οἱ πολλοὶ καὶ τὰ τῆς μουσικῆς ἔργα καὶ τὰ τῶν ποιητῶν· ἄλλοι γὰρ ἄλλο τι μόριον, πάντες δὲ πάντα... εἰ μὲν οὖν περὶ πάντα δῆμον καὶ περὶ πᾶν πλῆθος ἐνδέχεται ταύτην εἶναι τὴν διαφορὰν τῶν πολλῶν πρὸς τοὺς ὀλίγους σπουδαίους, ἄδηλον· ἴσως δὲ νὴ Δία δῆλον ὅτι περὶ ἐνίων ἀδύνατον. ὁ γὰρ αὐτὸς κἂν ἐπὶ τῶν θηρίων ἁρμόσειε λόγος. *Pol.* III. 11, 1281ᵇ1.

καὶ διὰ τοῦτ' ἴσως ἐβασιλεύοντο πρότερον, ὅτι σπάνιον ἦν εὑρεῖν ἄνδρας, πολὺ διαφέροντας κατ' ἀρετήν, ἄλλως τε καὶ τότε μικρὰς οἰκοῦντας πόλεις...ἐπεὶ δὲ καὶ μείζους εἶναι συμβέβηκε τὰς πόλεις, ἴσως οὐδὲ ῥᾴδιον ἔτι γίγνεσθαι πολιτείαν ἑτέραν παρὰ δημοκρατίαν. *Pol.* III. 15, 1286ᵇ 20.

οὐδὲν γὰρ κωλύει ποτὲ τὸ πλῆθος εἶναι βέλτιον τῶν ὀλίγων καὶ πλουσιώτερον, οὐχ ὡς καθ' ἕκαστον ἀλλ' ὡς ἀθρόους. *Pol.* III. 13, 1283ᵇ33.

74. Which is the best State is a question scarcely admitting of an unqualified answer, for different races are suited for different forms of government, and the question which meets the politician is not so much what is abstractly the best State as which is the best State under existing circumstances (ἐξ ὑποκειμένων) or to meet certain given data (ἐξ ὑποθέσεως)[1]. Generally, however, the best State will be such an organization as will enable any one to act in the best and live in the happiest manner—that is, aid him in leading a life of action, a βίος πρακτικός understood in a liberal sense[2]. To serve this end the ideal State should be neither too great nor too small, but simply self-sufficient[3]; it should occupy a favourable position towards land and sea[4] and consist of citizens gifted

at once with the spirit of the northern and the intelligence of the Asiatic nations[5]. It should further take particular care to exclude from government all those engaged in trade and commerce—"the best State will not make the 'working-man' a citizen[6]:" should provide endowment for religious worship[7], and should secure the moral ends which it proposes by the educational influences of law and early training[8].

[1] πολλοῖς τῆς ἀρίστης (πολιτείας) τυχεῖν ἴσως ἀδύνατον. ὥστε τὴν κρατίστην τε ἁπλῶς καὶ τὴν ἐξ ὑποκειμένων ἀρίστην οὐ δεῖ λεληθέναι τὸν νομοθέτην... ἔτι δὲ τρίτην τὴν ἐξ ὑποθέσεως... οὐ γὰρ μόνον τὴν ἀρίστην δεῖ θεωρεῖν, ἀλλὰ καὶ τὴν δυνατήν. *Pol.* IV. 1, 1288ᵇ25.

ἔστι γάρ τι φύσει δεσποστὸν καὶ ἄλλο βασιλευτὸν καὶ ἄλλο πολιτικὸν καὶ δίκαιον καὶ συμφέρον· τυραννικὸν δ' οὐκ ἔστι κατὰ φύσιν. III. 17, 1287ᵇ37.

[2] ὅτι μὲν οὖν ἀναγκαῖον εἶναι πολιτείαν ἀρίστην ταύτην καθ' ἣν τάξιν κἂν ὁστισοῦν ἄριστα πράττοι καὶ ζῴη μακαρίως, φανερόν ἐστιν.... ἀλλὰ τὸν πρακτικὸν (βίον) οὐκ ἀναγκαῖον εἶναι πρὸς ἑτέρους οὐδὲ τὰς διανοίας εἶναι μόνας ταύτας πρακτικὰς τὰς τῶν ἀποβαινόντων χάριν γινομένας ἐκ τοῦ πράττειν. *Pol.* VII. 2, 1324ᵃ23.

[3] οἴονται μὲν οὖν οἱ πλεῖστοι προσήκειν μεγάλην εἶναι τὴν εὐδαίμονα πόλιν... δεῖ δὲ μᾶλλον μὴ εἰς τὸ πλῆθος εἰς δὲ δύναμιν ἀποβλέπειν... ὁμοίως δὲ καὶ πόλις ἡ μὲν ἐξ ὀλίγων λίαν οὐκ αὐτάρκης· ἡ δὲ ἐκ πολλῶν ἄγαν ἐν μὲν τοῖς ἀναγκαίοις αὐτάρκης, ὥσπερ ἔθνος, ἀλλ' οὐ πόλις· πολιτείαν γὰρ οὐ ῥᾴδιον ὑπάρχειν· τίς γὰρ στρατηγὸς ἔσται τοῦ λίαν ὑπερβάλλοντος πλήθους, ἢ τίς κῆρυξ μὴ στεντόρειος; *Pol.* VII. 4, 1326ᵃ9.

οὔτε γὰρ ἐκ δέκα ἀνθρώπων γένοιτ' ἂν πόλις, οὔτ' ἐκ δέκα μυριάδων ἔτι πόλις ἐστίν. *Eth. Nic.* IX. 10. 3, 1170ᵇ31.

[4] τῆς δὲ πόλεως τὴν θέσιν εἰ χρὴ ποιεῖν κατ' εὐχήν, πρός τε τὴν θάλασσαν προσήκει κεῖσθαι καλῶς πρός τε τὴν χώραν. *Pol.* VII. 5, 1327ᵃ3.

⁵ φανερὸν τοίνυν ὅτι δεῖ διανοητικούς τε εἶναι καὶ θυμοειδεῖς τὴν φύσιν τοὺς μέλλοντας εὐαγώγους ἔσεσθαι τῷ νομοθέτῃ πρὸς τὴν ἀρετήν....τὸ δὲ τῶν Ἑλλήνων γένος, ὥσπερ μεσεύει κατὰ τοὺς τόπους, οὕτως ἀμφοῖν μετέχει· καὶ γὰρ ἔνθυμον καὶ διανοητικόν ἐστιν. *Pol.* VII. 7, 1327ᵇ 36.

⁶ ἐν τῇ κάλλιστα πολιτευομένῃ πόλει καὶ τῇ κεκτημένῃ δικαίους ἄνδρας ἁπλῶς, ἀλλὰ μὴ πρὸς τὴν ὑπόθεσιν, οὔτε βάναυσον βίον οὔτ᾽ ἀγοραῖον δεῖ ζῆν τοὺς πολίτας· ἀγεννὴς γὰρ ὁ τοιοῦτος βίος καὶ πρὸς ἀρετὴν ὑπεναντίος. *Pol.* VII. 9, 1328ᵇ 39.

ἡ δὲ βελτίστη πόλις οὐ ποιήσει βάναυσον πολίτην... οὐ γὰρ οἷόν τ᾽ ἐπιτηδεῦσαι τὰ τῆς ἀρετῆς ζῶντα βίον βάναυσον ἢ θητικόν. *Pol.* III. 5, 1278ᵃ 8.

⁷ ἔτι δὲ τὰ πρὸς τοὺς θεοὺς δαπανήματα κοινὰ πάσης τῆς πόλεώς ἐστιν· ἀναγκαῖον τοίνυν εἰς δύο μέρη διῃρῆσθαι τὴν χώραν, καὶ τὴν μὲν εἶναι κοινὴν τὴν δὲ τῶν ἰδιωτῶν. καὶ τούτων ἑκατέραν διῃρῆσθαι δίχα πάλιν, τῆς μὲν κοινῆς τὸ μὲν ἕτερον μέρος εἰς τὰς πρὸς τοὺς θεοὺς λειτουργίας, τὸ δὲ ἕτερον εἰς τὴν τῶν συσσιτίων δαπάνην· τῆς δὲ τῶν ἰδιωτῶν τὸ ἕτερον μέρος τὸ πρὸς τὰς ἐσχατιάς, ἕτερον δὲ τὸ πρὸς τὴν πόλιν, ἵνα δύο κλήρων ἑκάστῳ νεμηθέντων ἀμφοτέρων τῶν τόπων πάντες μετέχωσι. *Pol.* VII. 10, 1330ᵃ 8.

⁸ τὸ δὲ σπουδαίαν εἶναι τὴν πόλιν οὐκέτι τύχης ἔργον ἀλλ᾽ ἐπιστήμης καὶ προαιρέσεως. τοῦτ᾽ ἄρα σκεπτέον, πῶς ἀνὴρ γίνεται σπουδαῖος...ἀλλὰ μὴν ἀγαθοί γε καὶ σπουδαῖοι γίνονται διὰ τριῶν. τὰ τρία δὲ ταῦτά ἐστι, φύσις, ἔθος, λόγος... τὴν μὲν τοίνυν φύσιν οἵους εἶναι δεῖ τοὺς μέλλοντας εὐχειρώτους ἔσεσθαι τῷ νομοθέτῃ διωρίσμεθα πρότερον... τὸ δὲ λοιπὸν ἔργον ἤδη παιδείας· τὰ μὲν γὰρ ἐθιζόμενοι μανθάνουσι, τὰ δ᾽ ἀκούοντες. *Pol.* VII. 13, 1332ᵃ 31.

εἰ δ᾽ οὖν, καθάπερ εἴρηται, τὸν ἐσόμενον ἀγαθὸν τραφῆναι καλῶς δεῖ καὶ ἐθισθῆναι, εἶθ᾽ οὕτως ἐν ἐπιτηδεύμασιν ἐπιεικέσι ζῆν καὶ μήτ᾽ ἄκοντα μήθ᾽ ἑκόντα πράττειν τὰ φαῦλα, ταῦτα δὲ γίγνοιτ᾽ ἂν βιουμένοις κατά τινα νοῦν καὶ τάξιν ὀρθὴν ἔχουσαν ἰσχύν. ἡ μὲν οὖν πατρικὴ πρόσταξις οὐκ ἔχει τὸ ἰσχυρὸν οὐδὲ τὸ ἀναγκαῖον· ὁ δὲ νόμος ἀναγκαστικὴν ἔχει δύναμιν, λόγος ὢν ἀπό τινος φρονήσεως καὶ νοῦ. *Eth. Nic.* X. 9, 1180ᵃ 14.

75. Law to Aristotle is the outward expression of the moral ideal without the bias of human feeling[1]. It is therefore no mere agreement or convention as Lykophron regarded it, but a moral force coextensive with all virtue[2]. Being necessarily universal in its character, it requires to be modified and adapted to particular circumstances by the action of equity (ἐπιείκεια)[3].

[1] ἄνευ ὀρέξεως νοῦς ὁ νόμος ἐστίν. *Pol.* III. 16, 1287ᵃ 32. Cp. *Eth. Nic.* 1180ᵃ 22, λόγος ἀπὸ φρονήσεως καὶ νοῦ.

[2] φανερὸν ὅτι δεῖ περὶ ἀρετῆς ἐπιμελὲς εἶναι τῇ γ' ὡς ἀληθῶς ὀνομαζομένῃ πόλει μὴ λόγου χάριν· γίνεται γὰρ ἡ κοινωνία συμμαχία (that is, *otherwise* the political community becomes a mere alliance for self-defence)... καὶ ὁ νόμος συνθήκη, καὶ καθάπερ ἔφη Λυκόφρων ὁ σοφιστής, ἐγγυητὴς ἀλλήλοις τῶν δικαίων ἀλλ' οὐχ οἷος ποιεῖν ἀγαθοὺς καὶ δικαίους τοὺς πολίτας. *Pol.* III. 8, 1280ᵇ 8.

οἱ δὲ νόμοι ἀγορεύουσι περὶ ἁπάντων, στοχαζόμενοι ἢ τοῦ κοινῇ συμφέροντος πᾶσιν ἢ τοῖς ἀρίστοις ἢ τοῖς κυρίοις. *Eth. Nic.* V. 1. 13.

[3] καὶ ἔστιν αὕτη ἡ φύσις ἡ τοῦ ἐπιεικοῦς, ἐπανόρθωμα νόμου ᾗ ἐλλείπει διὰ τὸ καθόλου. *Eth. Nic.* V. 10. 6, 1137ᵇ 26.

76. Education should be so guided by legislation as to make it correspond with the results of psychological analysis, and follow the gradual development of the bodily and mental faculties[1]. Children should during their earliest years be carefully protected from all injurious associations, and be introduced to such amusements as will prepare them for the serious duties of life[2]. Their literary education should commence with their 7th and be continued to their 21st year, this period being divided into two courses of training, the one from the 7th year to puberty, the other from puberty to 21. Such educa-

tion should not be left to private enterprize, but should be undertaken by the State, to which indeed the citizen belongs[3]. There are four main branches of education— reading and writing (γράμματα), gymnastic, music and painting: and with respect to all it must be remembered that they should be studied not from any exclusive or utilitarian ends but in the liberal spirit which will create true freemen[4]. Thus for example gymnastic should not be pursued by itself exclusively, or it will issue in a harsh savage type of character: painting must be studied not merely to prevent people being cheated in pictures but to make them attend to physical beauty: and music must be studied not merely for amusement but on account of the moral influence which it exerts upon the feelings[5]. Indeed all true education is, as Plato saw, a training of our sympathies so that we may love and hate in a right manner[6].

[1] πρὸς πάντα μὲν τοίνυν τῷ πολιτικῷ βλέποντι νομοθετητέον καὶ κατὰ τὰ μέρη τῆς ψυχῆς καὶ κατὰ τὰς πράξεις αὐτῶν, μᾶλλον δὲ πρὸς τὰ βελτίω καὶ τὰ τέλη. τὸν αὐτὸν δὲ τρόπον καὶ περὶ τοὺς βίους καὶ τὰς τῶν πραγμάτων διαιρέσεις· δεῖ μὲν γὰρ ἀσχολεῖν δύνασθαι καὶ πολεμεῖν, μᾶλλον δ᾽ εἰρήνην ἄγειν καὶ σχολάζειν. *Pol.* VII. 14, 1333ᵃ 37.

διὸ πρῶτον μὲν τοῦ σώματος τὴν ἐπιμέλειαν ἀναγκαῖον εἶναι προτέραν ἢ τὴν τῆς ψυχῆς, ἔπειτα τὴν τῆς ὀρέξεως· ἕνεκα μέντοι τοῦ νοῦ τὴν τῆς ὀρέξεως, τὴν δὲ τοῦ σώματος τῆς ψυχῆς. *Pol.* VII. 15, 1334ᵇ25.

δεῖ δὲ τῇ διαιρέσει τῆς φύσεως ἐπακολουθεῖν· πᾶσα γὰρ τέχνη καὶ παιδεία τὸ προσλεῖπον βούλεται τῆς φύσεως ἀναπληροῦν. *Pol.* VII. 17, 1337ᵃ1.

[2] διὸ τὰς παιδιὰς εἶναι δεῖ τὰς πολλὰς μιμήσεις τῶν ὕστερον σπουδαζομένων...εὔλογον οὖν ἀπελαύνειν ἀπὸ τῶν ἀκουσμάτων καὶ τῶν ὁραμάτων τῶν ἀνελευθέρων καὶ τηλικούτους ὄντας. 1336ᵃ33.

³ ἐπεὶ δ' ἓν τὸ τέλος τῇ πόλει πάσῃ, φανερὸν ὅτι καὶ τὴν παιδείαν μίαν καὶ τὴν αὐτὴν ἀναγκαῖον εἶναι πάντων· καὶ ταύτης τὴν ἐπιμέλειαν εἶναι κοινὴν καὶ μὴ κατ' ἴδιον, ὃν τρόπον νῦν ἕκαστος ἐπιμελεῖται τῶν αὑτοῦ τέκνων, ἰδίᾳ τε καὶ μάθησιν ἰδίαν, ἣν ἂν δόξῃ, διδάσκων. δεῖ δὲ τῶν κοινῶν κοινὴν ποιεῖσθαι καὶ τὴν ἄσκησιν. ἅμα δὲ οὐδὲ χρὴ νομίζειν αὐτὸν αὑτοῦ τινα εἶναι τῶν πολιτῶν, ἀλλὰ πάντας τῆς πόλεως. *Pol.* VIII. 1, 1337ᵃ21. Cp. *Eth. Nic.* X. 9, 1180ᵃ29.

⁴ ἔστι δὲ τέτταρα σχεδὸν ἃ παιδεύειν εἰώθασι, γράμματα καὶ γυμναστικὴν καὶ μουσικὴν καὶ τέταρτον ἔνιοι γραφικήν. *Pol.* VIII. 2, 1337ᵇ23.

ἔτι δὲ καὶ τῶν χρησίμων δεῖ τινὰ παιδεύεσθαι τοὺς παῖδας οὐ μόνον διὰ τὸ χρήσιμον, οἷον τὴν τῶν γραμμάτων μάθησιν, ἀλλὰ καὶ διὰ τὸ πολλὰς ἐνδέχεσθαι γίνεσθαι δι' αὐτῶν μαθήσεις ἑτέρας. ὁμοίως δὲ καὶ τὴν γραφικήν, οὐχ ἵνα ἐν τοῖς ἰδίοις ὠνίοις μὴ διαμαρτάνωσιν, ἀλλ' ὦσιν ἀνεξαπάτητοι πρὸς τὴν τῶν σκευῶν ὠνήν τε καὶ πρᾶσιν, ἢ μᾶλλον ὅτι ποιεῖ θεωρητικὸν τοῦ περὶ τὰ σώματα κάλλους. τὸ δὲ ζητεῖν πανταχοῦ τὸ χρήσιμον ἥκιστα ἁρμόττει τοῖς μεγαλοψύχοις καὶ τοῖς ἐλευθέροις. *Pol.* VIII. 3, 1338ᵃ37.

⁵ περὶ δὲ μουσικῆς...οὔτε τίνα ἔχει δύναμιν ῥᾴδιον περὶ αὐτῆς διελεῖν, οὔτε τίνος δεῖ χάριν μετέχειν αὐτῆς, πότερον παιδιᾶς ἕνεκα καὶ ἀναπαύσεως, καθάπερ ὕπνου καὶ μέθης... ἢ μᾶλλον οἰητέον πρὸς ἀρετήν τι τείνειν τὴν μουσικήν, ὡς δυναμένην, καθάπερ ἡ γυμναστικὴ τὸ σῶμα ποιόν τι παρασκευάζει, καὶ τὴν μουσικὴν τὸ ἦθος ποιόν τι ποιεῖν, ἐθίζουσαν δύνασθαι χαίρειν ὀρθῶς. *Pol.* VIII. 5, 1339ᵃ11. ἔστι δὲ ὁμοιώματα μάλιστα παρὰ τὰς ἀληθινὰς φύσεις ἐν τοῖς ῥυθμοῖς καὶ τοῖς μέλεσιν ὀργῆς καὶ πρᾳότητος, ἔτι δ' ἀνδρίας καὶ σωφροσύνης. 1340ᵃ18.

⁶ διὸ δεῖ ἦχθαί πως εὐθὺς ἐκ νέων, ὡς ὁ Πλάτων φησίν, ὥστε χαίρειν τε καὶ λυπεῖσθαι οἷς δεῖ· ἡ γὰρ ὀρθὴ παιδεία αὕτη ἐστίν. *Eth. Nic.* II. 3. 2, 1104ᵇ11.

# CHAPTER IX.

## PHILOSOPHY OF ART.

77. Art is defined by Aristotle as the realization in external form of a true idea, and is traced back to that natural love of imitation which characterizes man, and to the pleasure which we feel in recognising likenesses[1]. Art however is not limited to mere copying; it idealizes nature and completes its deficiencies: it seeks to grasp the universal type in the individual phenomenon[2]. The distinction therefore between poetic art and history is not that the one uses metre, and the other not, but that while history is limited to what has actually happened, poetry depicts things in their universal character. And therefore "poetry is more philosophical and more elevated than history".[3]

[1] ἐπεὶ δ' ἡ οἰκοδομικὴ τέχνη τίς ἐστιν καὶ ὅπερ ἕξις τις μετὰ λόγου ποιητικὴ καὶ οὐδεμία οὔτε τέχνη ἐστὶν ἥτις οὐ μετὰ λόγου ποιητικὴ ἕξις ἐστίν, οὔτε τοιαύτη ἢ οὐ τέχνη, ταὐτὸν ἂν εἴη τέχνη καὶ ἕξις μετὰ λόγου ἀληθοῦς ποιητική. *Eth. Nic.* VI. 4. 1140ª10.

ἐοίκασι δὲ γεννῆσαι μὲν ὅλως τὴν ποιητικὴν αἰτίαι δύο τινὲς καὶ αὗται φυσικαί. τό τε γὰρ μιμεῖσθαι σύμφυτον τοῖς ἀνθρώποις ἐκ παίδων ἐστί (καὶ τούτῳ διαφέρουσι τῶν ἄλλων ζῴων ὅτι μιμητικώτατόν ἐστι καὶ τὰς μαθήσεις ποιεῖται διὰ μιμήσεως τὰς πρώτας), καὶ τὸ χαίρειν τοῖς μιμήμασι πάντας.

αἴτιον δὲ καὶ τούτου ὅτι μανθάνειν οὐ μόνον τοῖς φιλοσόφοις ἥδιστον, ἀλλὰ καὶ τοῖς ἄλλοις ὁμοίως, ἀλλ' ἐπὶ βραχὺ κοινωνοῦσιν αὐτοῦ· διὰ γὰρ τοῦτο χαίρουσι τὰς εἰκόνας ὁρῶντες ὅτι συμβαίνει θεωροῦντας μανθάνειν καὶ συλλογίζεσθαι τί ἕκαστον, οἷον ὅτι οὗτος ἐκεῖνος. *Poet.* I. 4, 1448ᵇ4.

² ὅλως τὲ ἡ τέχνη τὰ μὲν ἐπιτελεῖ ἃ ἡ φύσις ἀδυνατεῖ ἀπεργάσασθαι, τὰ δὲ μιμεῖται. *Phys.* II. 8, 199ᵃ15.

γίνεται δὲ τέχνη ὅταν ἐκ πολλῶν τῆς ἐμπειρίας ἐννοημάτων μία καθόλου γένηται περὶ τῶν ὁμοίων ὑπόληψις, *Meta.* A. I, 981ᵃ5. But it is to be noted that here τέχνη is used not as equivalent to creative art, but rather to such "arts" as medicine, &c. Cp. *Rhet.* I. 2, 1356ᵇ29; οὐδεμία δὲ τέχνη σκοπεῖ τὸ καθ' ἕκαστον.

ἐπεὶ δὲ μίμησίς ἐστιν ἡ τραγῳδία βελτιόνων, ἡμᾶς δεῖ μιμεῖσθαι τοὺς ἀγαθοὺς εἰκονογράφους· καὶ γὰρ ἐκεῖνοι ἀποδιδόντες τὴν ἰδίαν μορφήν, ὁμοίους ποιοῦντες, καλλίους γράφουσιν. οὕτω καὶ τὸν ποιητὴν μιμούμενον καὶ ὀργίλους καὶ ῥᾳθύμους καὶ τἆλλα τὰ τοιαῦτα ἔχοντας ἐπὶ τῶν ἠθῶν, ἐπιεικείας ποιεῖν παράδειγμα ἢ σκληρότητος δεῖ, οἷον τὸν Ἀχιλλέα Ἀγάθων καὶ Ὅμηρος. *Poet.* 15, 1454ᵇ8.

³ φανερὸν δὲ ἐκ τῶν εἰρημένων καὶ ὅτι οὐ τὸ τὰ γενόμενα λέγειν τοῦτο ποιητοῦ ἔργον ἐστίν, ἀλλ' οἷα ἂν γένοιτο καὶ τὰ δυνατὰ κατὰ τὸ εἰκὸς ἢ τὸ ἀναγκαῖον· ὁ γὰρ ἱστορικὸς καὶ ὁ ποιητὴς οὐ τῷ ἢ ἔμμετρα λέγειν ἢ ἄμετρα διαφέρουσιν (εἴη γὰρ ἂν τὰ Ἡροδότου εἰς μέτρα τεθῆναι καὶ οὐδὲν ἧττον ἂν εἴη ἱστορία τις μετὰ μέτρου ἢ ἄνευ μέτρων)· ἀλλὰ τούτῳ διαφέρει, τῷ τὸν μὲν τὰ γενόμενα λέγειν, τὸν δὲ οἷα ἂν γένοιτο· διὸ καὶ φιλοσοφώτερον καὶ σπουδαιότερον ποίησις ἱστορίας ἐστίν· ἡ μὲν γὰρ ποίησις μᾶλλον τὰ καθόλου, ἡ δ' ἱστορία τὰ καθ' ἕκαστον λέγει. *Poet.* 9, 1451ᵃ36.

78. Such imitation may represent men either as better or as worse than men usually are, or it may neither go beyond nor fall below the average standard¹. Comedy is the imitation of the worse specimens of humanity, understood however not in the sense of absolute badness, but only in so far as what is low and ignoble

enters into what is laughable and comic[2]. Tragedy upon the other hand is the representation of a serious or meaning-full, rounded or finished, and more or less extended or far-reaching, action—a representation which is effected by action and not mere narration: and which is fitted by pourtraying events which excite fear and pity in the mind of the beholder to purify these feelings and extend and regulate their sympathy[3]. Such a κάθαρσις παθημάτων is well termed by Zeller "a homœopathic curing of the passions," and we may further accept his theory that art being as we have seen a *universalizing* of particular events, it follows that tragedy in depicting passionate and critical situations takes them outside the selfish and the individual standpoint, and views them in connexion with the general lot of human beings. In a partly similar sense Aristotle explains the use of the orgiastic music of the worship of Bacchus and other deities as affording an outlet for religious fervour and so steadying our religious sentiments[4].

[1] ἐπεὶ δὲ μιμοῦνται οἱ μιμούμενοι πράττοντας, ἀνάγκη δὲ τούτους ἢ σπουδαίους ἢ φαύλους εἶναι...ἤτοι βελτίονας ἢ καθ' ἡμᾶς ἢ χείρονας ἢ καὶ τοιούτους, ὥσπερ οἱ γραφεῖς· Πολύγνωτος μὲν γὰρ κρείττους, Παύσων δὲ χείρους, Διονύσιος δὲ ὁμοίους εἴκαζεν, δῆλον δὴ ὅτι καὶ τῶν λεχθεισῶν ἑκάστη μιμήσεων ἕξει ταύτας τὰς διαφοράς καὶ ἔσται ἕτερα τῷ ἕτερα μιμεῖσθαι τοῦτον τὸν τρόπον. ἐν τῇ αὐτῇ δὲ διαφορᾷ καὶ ἡ τραγῳδία πρὸς τὴν κωμῳδίαν διέστηκεν· ἡ μὲν γὰρ χείρους ἡ δὲ βελτίους μιμεῖσθαι βούλεται τῶν νῦν. *Poet.* 2, 1448ᵃ 1.

[2] ἡ δὲ κωμῳδία ἐστίν, ὥσπερ εἴπομεν, μίμησις φαυλοτέρων μέν, οὐ μέντοι κατὰ πᾶσαν κακίαν, ἀλλ' ᾗ τοῦ αἰσχροῦ ἐστι τὸ γελοῖον μόριον. *Poet.* 5, 1449ᵃ 32.

[3] ἔστιν οὖν τραγῳδία μίμησις πράξεως σπουδαίας καὶ

τελείας, μέγεθος ἐχούσης, ἡδυσμένῳ λόγῳ, χωρὶς ἑκάστου τῶν εἰδῶν ἐν τοῖς μορίοις, δρώντων καὶ οὐ δι' ἀπαγγελίας, δι' ἐλέου καὶ φόβου περαίνουσα τὴν τῶν τοιούτων παθημάτων κάθαρσιν. λέγω δὲ ἡδυσμένον μὲν λόγον τὸν ἔχοντα ῥυθμὸν καὶ ἁρμονίαν καὶ μέλος, τὸ δὲ χωρὶς τοῖς εἴδεσι τὸ διὰ μέτρων ἔνια μόνον περαίνεσθαι καὶ πάλιν ἕτερα διὰ μέλους. *Poet*. 6, 1449$^b$24.

⁴ φανερὸν ὅτι χρηστέον μὲν πάσαις ταῖς ἁρμονίαις...ὃ γὰρ περὶ ἐνίας συμβαίνει πάθος ψυχὰς ἰσχυρῶς, τοῦτο ἐν πάσαις ὑπάρχει, τῷ δὲ ἧττον διαφέρει καὶ τῷ μᾶλλον, οἷον ἔλεος καὶ φόβος, ἔτι δ' ἐνθουσιασμός. καὶ γὰρ ὑπὸ ταύτης τῆς κινήσεως κατακώχιμοί τινές εἰσιν· ἐκ δὲ τῶν ἱερῶν μελῶν ὁρῶμεν τούτους, ὅταν χρήσωνται τοῖς ἐξοργιάζουσι τὴν ψυχὴν μέλεσι, καθισταμένους ὥσπερ ἰατρείας τυχόντας καὶ καθάρσεως. *Pol*. VIII. 7, 1342$^a$1.

# INDEX.

*The numbers refer to the paragraphs in which the subject is discussed.*

Ἀγαθόν, 57
ἀΐδιον, 45
αἴσθησις, 24, 27, 51, 52, 55
αἰσθητόν, τριχῶς λέγεται, 51
αἰτίαι, 37
ἀκούσιον, 63
ἄκρα, 17
ἀκρασία, 64
ἀληθές, 11
ἀλλοίωσις, 42, 47, 51
ἀναλυτικά, ἀναλυτικῶς, 9
ἀνάμνησις, 54
ἀντικεῖσθαι, 13
ἀντιπεπονθός, 61
ἀντιστροφή, 13
ἀντίφασις, 13, 30
ἀξιώματα, 26, 30
ἀπαιδευσία, 9, 26
ἀπόδειξις, 23
ἀποφαντικὸς λόγος, 12
ἀπόφασις, 12
ἀρετὴ ἠθική, 58, 59
ἀριστοκρατία, 73
ἀρχαὶ τῆς γενέσεως, 37
ἀρχαὶ τῶν ἐπιστημῶν, 26
ἀρχαὶ τῶν πρακτῶν, 62
αὐτόματον, 41

Βάναυσος, 60, 74
βασιλεία, 73
βίος θεωρητικός, 66

Γένεσις, 42
γένος, 14

γνωριμώτερον ἡμῖν, 22, 57

Δεινότης, 62
δημοκρατία, 73
Δημόκριτος, 47
διαγραφὴ τῶν ἀρετῶν, 60
διαίρεσις, 15, 16
διαλεκτικός, -ῶς, 9, 29
διάνοια, 63
διάνοιαι τρεῖς, 9
διαφορά, 14
δικαιοσύνη, 61
διότι, 24, 25
δοξαστόν, 24
δοῦλος, 70
δύναμις, 36, 50

Ἐθισμός, 62
εἴδη (Πλάτωνος), 23, 31, 32, 55
εἶδος, 37
εἰκός, 21
εἶναι, 38, 61
ἑκούσιον, 63
ἐμπειρία, 24, 27
ἐναντίως ἀντικεῖσθαι, 13
ἐνέργεια, 36
ἐνθύμημα, 21
ἐντελέχεια, 49
ἕξις, 59
ἐξωτερικοὶ λόγοι, 3
ἐπαγωγή, 20, 22
ἐπιείκεια, 61
ἐπιθυμία, 58, 64
ἐπιστήμη, 24

# INDEX. 129

εὐδαιμονία, 57
Ζῷον, 48, 51

Ἡδονή, 65
Ἡράκλειτος, 30

Θαῦμα, 28
θεός, 39, 46
θέσις, 26
θεωρητικός, 7, 66
θρεπτικόν, 50

Ἰδέαι (Πλάτωνος), 28, 32
ἴδιον, 14

Κάθαρσις, 78
καθόλου, 23, 32
καλόν, 60
κατάφασις, 12
κατηγορίαι, 10
κίνησις, 39, 42
κοινὰ αἰσθητά, 51, 52
κοινὰ ἀξιώματα, 26, 30
κώμη, 69
κωμῳδία, 78

Λογικῶς, 9, 40
λόγος, 12, 37, 59, 68
λόγον ἔχον, 58

Μαθηματική, 8, 29
μεγαλοψυχία, 60
Μεγαρικοί, 36
μέσον, 16, 17, 24, 51, 59
μετὰ τὰ φυσικά, 29
μεταβλητική, 71
μίμησις, 78
μνήμη, 27, 54
μουσική, 76, 78

Νόμισμα, 71
νόμος, 75
νοῦς, 27, 55, 56, 66

Ὀλιγαρχία, 73
ὄνομα, 11
ὄργανον, 9

ὄρεξις, 58, 63
ὅρος, ὁρισμός, 14, 15, 25
ὅτι, 24
οὗ ἕνεκα, 37, 47, 57
οὐρανὸς ἀΐδιος, 45
οὐσία, 10, 34, 59

Παιδεία, 76
παράδειγμα, 21
παρεκβάσεις, 73
Πλάτων, 16, 26, 31, 32, 50, 57, 65, 72
ποιητική, 7, 8, 77
ποιητικὸς νοῦς, 56
ποιότητες, 10
πόλις, 69
πολιτεία, 73
πολιτική, 8, 68
πρᾶξις, πρακτική, 7, 8, 57, 63
προαίρεσις, 63
πρός τι, 10
πρότασις, 12, 14
πρότερον φύσει, 22, 36
Πρωταγόρας, 30

Ῥῆμα, 11

Σημεῖον, 21
σοφιστικός, 29
στέρησις, 35
συλλογισμὸς διὰ τοῦ μέσου, 16—18
συλλ. ἐξ ἐπαγωγῆς, 20
συλλ. ἐξ ὑποθέσεως, 19
συλλ. τῶν πρακτῶν, 64
συμβεβηκός, 14, 20
συνέχεια, 48
σχῆμα (συλλογισμοῦ), 17
Σωκράτης, 28, 32, 33, 62, 64
σῶμα, 43, 49

Τέλος, 37, 47, 57
τέρας, 47
τέχνη, 27, 41, 77
τιμοκρατία, 73
τὸ τί ἦν εἶναι, 38
τόκος, 71
τόπος, 43
τραγῳδία, 78

w.

9

τυραννίς, 73
τύχη, 41

Ὕλη, 35

Φαντασία, 53
φιλία, 67
φιλόμυθος, 28
φιλοσοφία, 7, 8, 28
φορά, 42
φρόνησις, 62, 68

φυσικός, φυσικῶς, 40
φυσιόλογοι, 28
φύσις, 22, 41, 59
φυτόν, 48
φωνή, 68

Χρήματα, 70
χρόνος, 44

Ψεῦδος, 11
ψυχή, 49, 50, 58

# HISTORY OF IDEAS
## IN
# ANCIENT GREECE

*An Arno Press Collection*

Albertelli, Pilo. **Gli Eleati:** Testimonianze E Frammenti. 1939

Allman, George Johnston. **Greek Geometry From Thales To Euclid.** 1889

Apelt, Otto. **Platonische Aufsätze.** 1912

Aristotle. **Aristotle De Anima.** With Translation, Introduction and Notes by R[obert] D[rew] Hicks. 1907

Aristotle. **Aristotle's Psychology.** With Introduction and Notes by Edwin Wallace. 1882

Aristotle. **The Politics of Aristotle.** A Revised Text With Introduction, Analysis and Commentary by Franz Susemihl and R[obert] D[rew] Hicks. 1894. Books I-V

Arnim, Hans [Friedrich August von]. **Platos Jugenddialoge Und Die Entstehungszeit Des Phaidros.** 1914

Arpe, Curt. **Das** $\tau\iota\ \tilde{\eta}\nu\ \epsilon\tilde{\iota}\nu\alpha\iota$ **Bei Aristoteles** and Hambruch, Ernst, **Logische Regeln Der Platonischen Schule In Der Aristotelischen Topik.** 1938/1904. Two vols. in one

Beauchet, Ludovic. **Histoire Du Droit Privé De La République Athénienne.** 1897. Four vols.

Boeckh, Augustus. **The Public Economy of Athens.** 1842

Daremberg, Ch[arles]. **La Médecine:** Histoire Et Doctrines. 1865

Dareste, Rodolphe [de la Chavanne]. **La Science Du Droit En Grèce:** Platon, Aristote, Théophraste. 1893

Derenne, Eudore. **Les Procès D'Impiété Intentés Aux Philosophes A Athènes Au Vme Et Au IVme Siècles Avant J. C.** 1930

Diès, A[uguste]. **Autour De Platon:** Essais De Critique Et D'Histoire. 1927

Dittmar, Heinrich. **Aischines Von Sphettos:** Studien Zur Literaturgeschichte Der Sokratiker. 1912

Dugas, L[udovic]. **L'Amitié Antique D'Après Les Moeurs Populaires Et Les Théories Des Philosophes.** 1894

Fredrich, Carl. **Hippokratische Untersuchungen.** 1899

Freeman, Kathleen. **The Work And Life Of Solon,** With A Translation Of His Poems. 1926

Frisch, Hartvig. **The Constitution Of The Athenians.** 1942

Frisch, Hartvig. **Might And Right In Antiquity.** "Dike" I: From Homer To The Persian Wars. 1949

Frutiger, Perceval. **Les Mythes De Platon:** Étude Philosophique Et Littéraire. 1930

Heidel, William Arthur. **The Frame Of The Ancient Greek Maps.** 1937

Heidel, W[illiam] A[rthur]. **Plato's Euthyphro, With Introduction and Notes and Pseudo-Platonica.** [1902]/1896. Two vols. in one

Hermann, Karl Fr[iedrich]. **Geschichte Und System Der Platonischen Philosophie.** 1839. Part One all published

Hirzel, Rudolf. **Die Person: Begriff Und Name Derselben Im Altertum** and Uxkull-Gyllenband, Woldemar Graf, **Griechische Kultur-Entstehungslehren.** 1914/1924. Two vols. in one

Kleingünther, Adolf. **ΠΡΩΤΟΣ ΕΥΡΕΤΗΣ : Untersuchungen Zur Geschichte Einer Fragestellung.** 1933

Krohn, A[ugust A.] **Der Platonische Staat.** 1876

Mahaffy, J. P. **Greek Life And Thought From The Age Of Alexander To The Roman Conquest.** 1887

Martin, Th[omas] Henri. **Études Sur Le Timée De Platon.** 1841. Two vols. in one

Martin, Th[omas] H[enri]. **Mémoire Sur Les Hypothèses Astronomiques.** 1879/1881. Three parts in one

Milhaud, Gaston. **Les Philosophes-Géomètres De La Grèce.** 1900

Morrow, Glenn R. **Plato's Law Of Slavery In Its Relation To Greek Law.** 1939

Plato. **The Hippias Major Attributed To Plato.** With Introductory Essay and Commentary by Dorothy Tarrant. 1928

Plato. **The Laws Of Plato.** The Text Edited With Introduction and Notes by E. B. England. 1921. Two vols.

Saunders, Trevor J. **Bibliography On Plato's Laws, 1920-1970: With Additional Citations Through May, 1975.** 1975

Plato. **The Platonic Epistles.** Translated With Introduction and Notes by J. Harward. 1932

Raeder, Hans. **Platons Philosophische Entwickelung.** 1905

Ritter, Constantin. **Neue Untersuchungen Über Platon.** 1910

Ritter, Constantin. **Platon: Sein Leben, Seine Schriften, Seine Lehre.** 1910/1923. Two vols.

Sachs, Eva. **Die Fünf Platonischen Körper.** 1917

Schwartz, Eduard. **Ethik Der Griechen.** 1951

Shute, Richard. **On The History Of The Process By Which The Aristotelian Writings Arrived At Their Present Form.** 1888

Snell, Bruno. **Die Ausdrücke Für Den Begriff Des Wissens In Der Vorplatonischen Philosophie.** 1924

Tannery, Paul. **La Géométrie Grecque.** 1887

Tannery, Paul. **Recherches Sur L'Histoire De L'Astronomie Ancienne.** 1893

Taylor, A. E. **Philosophical Studies.** 1934

Wallace, Edwin, compiler. **Outlines Of The Philosophy Of Aristotle.** 1894

Zeller, Eduard. **Platonische Studien.** 1839

**Zeno And The Discovery Of Incommensurables In Greek Mathematics.** 1975